NEU IN DEUTSCHLAND

WIR LERNEN UNS KENNEN

KOPIERVORLAGEN zum sofortigen Einsatz **FÜR DEUTSCHLERNER**

Doreen Blumhagen

Verlag an der Ruhr

Impressum

Titel
Mein DaZ-Lapbook: Neu in Deutschland – wir lernen uns kennen
Kopiervorlagen zum sofortigen Einsatz für Deutschlerner

Autorin
Doreen Blumhagen

Umschlagmotive
Schere: © heriyusuf, Banner Untertitel: © Marina Zlochin – beide Fotolia.com;
Foto des Lapbooks: Doreen Blumhagen, unter Verwendung von freeskyline (Junge) und dglimages (Mädchen) – beide Fotolia.com

Druck
Heenemann GmbH & Co. KG, Berlin, DE

Geeignet für die Klassen 5–10

ISBN 978-3-8346-4059-8

Inhaltsverzeichnis

Allgemeine methodische und didaktische Hinweise

Lapbook – Was ist das? 4
Lapbooks im DaZ-Unterricht 4
Aufbau der Materialien 5
Hinweise zur Umsetzung 6
Benötigtes Material 7

Übersicht der Kopiervorlagen

Sprachbausteine 8
Gestalten und Einschätzen des Lapbooks 9
Faltvorlagen zum Wortschatz 10
Inhaltliche Faltvorlagen 11

Die Sprachbausteine

Sprachbaustein 1 So sehe ich aus 18
Sprachbaustein 2 Meine Kleidung 19
Sprachbaustein 3 So bin ich – So bist du 20
Sprachbaustein 4 Das mag ich – Das mag ich nicht 21
Sprachbaustein 5 Meine Freizeit 22
Sprachbaustein 6 Meine Familie 23
Sprachbaustein 7 Mein Geburtstagskalender 24
Sprachbaustein 8 Mein Deutschland-Quiz 1 25
Sprachbaustein 9 Mein Deutschland-Quiz 2 26
Sprachbaustein 10 Mein Wohnort 27

Die Kopiervorlagen

Die Symbole 28
Übersicht der Faltbücher 29
Faltanleitung für das Lapbook 31
So ist mein Lapbook (Bewertungsbogen) 32
Meine Titelseite 33
Nicht vergessen: schwierige Wörter 34
Meine Wortschatzsammlung 35

Ich und die anderen
Das bin ich 36
So sehe ich aus 37
Meine Kleidung 38
So bin ich 39
Das mag ich 40
Das mag ich nicht 41
Mein Alltag in Bildern 42
Meine Freizeit 43
Meine Familie 44
Meine Freunde 45
Mein Geburtstagskalender 46
Meine Zukunft 48

Mein Heimatland – Da komme ich her
Mein Heimatland 49
Wie sagt man auf ...? 50
Feste feiern in 51
So schmeckt es in 52
Ein typischer Tag in 53
Geld aus meiner Heimat 54

Neu in Deutschland
Mein Deutschland-Quiz 56
Typisch Deutschland 57
Deutschland ist 58
Mein Weg nach Deutschland 59
Mein Wohnort in Deutschland 60
Hier wohne ich 61
Mein Rezept fürs gute Ankommen 62
Meine Ziele 63
Deutschland und mein Heimatland 64

Allgemeine methodische und didaktische Hinweise

Lapbook – Was ist das?

Lapbooks sind individuelle Portfoliomappen, in denen die Schüler* ihre Lern- und Arbeitsergebnisse zu einem Gesamtthema sammeln und dokumentieren. Die Methode stammt aus der amerikanischen Homeschool-Bewegung und eignet sich zum selbstständigen Erarbeiten und Präsentieren verschiedener Themen.
Ein Lapbook ist dabei gerade einmal so groß, dass die fertige Mappe im geschlossenen Zustand auf dem Schoß (engl. „lap") des Schülers Platz hat.
Das Besondere an den Mappen ist, dass diese mehrfach aufklappbar sind und verschiedene kleine Faltbücher enthalten, die von den Schülern selbst gestaltet und beschrieben werden. Jedes Faltbuch deckt einen Teilbereich des Gesamtthemas ab und strukturiert dadurch die Inhalte auch optisch.
Die Faltbücher sind z. B. kleine Hefte, Drehscheiben, Pop-Ups, Taschen oder Leporellos. Zum Lesen eines fertigen Lapbooks müssen die Faltbücher zuerst aufgeklappt, gedreht oder durchgeblättert werden.
Die fertigen Faltbücher werden von den Schülern auf einen Tonkarton, meist in DIN-A3-Größe, geklebt. Der Tonkarton selbst wird zuvor auf DIN-A4-Größe gefaltet. Auf diese Weise entsteht ein großes Buch, das viele kleine Bücher enthält.

* Aus Gründen der besseren Lesbarkeit haben wir in diesem Buch durchgehend die männliche Form verwendet. Natürlich sind damit auch immer Frauen und Mädchen gemeint, also Lehrerinnen, Schülerinnen etc.

Lapbooks im DaZ-Unterricht

Die Vorteile der Lapbook-Arbeit im DaZ-Unterricht sind besonders vielfältig. **Lapbooks** ...

- **sind für alle Lernbereiche des DaZ-Unterrichts geeignet.**
  Lapbooks können sowohl zu einem speziellen Wortschatzthema als auch zur Rechtschreibung und Grammatik angefertigt werden.
  So können z. B. Lapbooks über das Leben in Deutschland entstehen oder Lapbooks, in denen die wichtigsten Grammatikregeln zum Nachschlagen und Üben gesammelt werden.

- **sind einfach in den DaZ-Unterricht integrierbar.**
  Die Mappen können unabhängig vom verwendeten Lehrwerk oder ergänzend gestaltet werden. Es können Lapbooks zu einem bestimmten Einzelthema (z. B. Schule) entstehen oder das Lapbook kann als Lernportfolio des gesamten DaZ-Unterrichts angelegt werden.

- **sind für verschiedene Klassenstufen geeignet.**
  DaZ-Unterricht findet nicht immer innerhalb einer Klassenstufe, sondern in gemischten Altersgruppen statt. Je nach Sprachniveau bietet die Lapbook-Arbeit sowohl für Schüler der Mittelstufe als auch für ältere Schüler Anreize. Sprachlich versierte Schüler können eigene Ideen zum Inhalt und Gestalten der Faltbücher einbringen. Je geübter die Schüler mit der Lapbook-Arbeit sind, desto mehr Freiräume können Sie den Schülern geben.

- **sind bereits ab dem Sprachniveau A1/A2 umsetzbar.**
  Schüler mit geringen Sprachkenntnissen können z. B. Stichwörter oder einfache Sätze in die Faltbücher schreiben. Sind die Schüler noch nicht in der Lage, alle Inhalte schriftlich festzuhalten, können sie diese auch durch Zeichnungen oder Fotos ersetzen. Diese können sie dann bei der Präsentation ihrer Lapbooks mündlich erläutern. Das Anfertigen der Faltbücher benötigt kaum Sprachkenntnisse. Die Schüler können diese anhand von Musterbüchern nachbauen.

Foto Lapbook: © Doreen Blumenhagen

- **bieten vielfältige Möglichkeiten zur (sprachlichen) Differenzierung.**
Die Schüler können entsprechend ihrem eigenen Sprach- und Leistungsniveau arbeiten. Sie können die einzelnen Teilthemen in Stichworten, einfachen Sätzen oder in Form kleiner Texte bearbeiten. Differenzierung kann auch in Form zusätzlicher Tipps zum Aufbau des Lapbooks, vorgegebenem Wortschatz, Aufgabenstellungen in verschiedenen Schwierigkeitsstufen oder Zusatzaufgaben erfolgen.
Lapbooks bieten aufgrund ihrer Einfachheit und Durchlässigkeit viele Anknüpfungspunkte für Aufgabenstellungen.

- **sind für verschiedene Sozialformen geeignet.**
Lapbooks können je nach Thema, Lernziel, Zeit und Erfahrung der Schüler in Einzel-, Partner-, oder Gruppenarbeit erstellt werden. Bei der Gestaltung können sich die Schüler dabei mit ihren individuellen Fähigkeiten gegenseitig unterstützen. Sprachlich „fittere" Schüler können z. B. beim Ausformulieren helfen, während die „Kreativen" Tipps zur Gestaltung der Faltbücher oder des Lapbook-Umschlags geben können.

- **fördern die Kommunikation und bieten vielfältige Gesprächsanlässe.**
Mithilfe ihrer Lapbooks erhalten DaZ-Schüler eine Strukturhilfe, um miteinander über verschiedene Themen ins Gespräch zu kommen und auf diese Weise das freie Sprechen zu üben.

- **helfen, ein Gesamtthema zu strukturieren.**
Die einzelnen Faltbücher beinhalten Teilthemen eines Gesamtthemas. Durch das Anordnen der Faltbücher in einem Lapbook werden Inhalte strukturiert. Dies hilft den Schülern, ein Gesamtthema besser zu erfassen und Zusammenhänge zu erkennen.

- **können zum Lernen und Wiederholen eingesetzt werden.**
Lapbooks sind nach der Erarbeitung auch ideal zum Lernen und Wiederholen von Inhalten und Lernwörtern. Die Inhalte werden durch die Klappen der Faltbücher abgedeckt. Die Schüler können ihr Wissen überprüfen, indem sie die Faltbücher öffnen.

- **erweitern den Wortschatz.**
Neben spezifischen Inhalten können auch Faltbücher zum jeweiligen Wortschatz des Themas in ein Lapbook integriert werden. Dies bietet sich vor allem bei Themen an, die im gemeinsamen Unterricht erarbeitet werden.

- **fördern die Selbstständigkeit der Schüler.**
Jedes Lapbook ist individuell. Die Schüler lernen, Inhalte selbstständig zu erarbeiten und übersichtlich zu strukturieren. Neben vorgegebenen Faltvorlagen können die Schüler auch Faltbücher nach ihren eigenen Vorstellungen gestalten.

- **setzen die Arbeitsergebnisse der DaZ-Schüler in einen würdigen Rahmen.**
Aufgrund der besonderen Darbietungsform erfahren alle von den Schülern erarbeiteten Inhalte eine Würdigung. Die individuellen Lapbooks wecken das Interesse der Betrachter, sodass auch die Schüler mit geringer Sprachkompetenz Erfolgserlebnisse verbuchen können.

- **stellen eine effektvolle Alternative zu herkömmlichen Arbeitsblättern dar.**
Lapbooks sind abwechslungsreich und motivierend. Die Erfahrung zeigt außerdem, dass die Schüler Inhalte, die sie sich mit einem Lapbook erarbeitet haben, nicht so schnell wieder vergessen. Da sie die Inhalte zusammentragen, verarbeiten und gestalterisch umsetzen müssen, ist der Lerneffekt besonders groß.

Aufbau der Materialien

Mit den Kopiervorlagen dieses Bandes erstellen Ihre Schüler Lapbooks zur eigenen Person, zu wichtigen Bezugspersonen, zu ihrem Heimatland und ihrer ersten Zeit in Deutschland. Die Arbeitsergebnisse sammeln und präsentieren die Schüler in ihren individuell gestalteten Mappen. Die insgesamt 29 Faltvorlagen bieten den Schülern motivierende und abwechslungsreiche Anknüpfungspunkte zur Darstellung der Inhalte sowie konkrete Sprachanlässe für das gegenseitige Kennenlernen. Die inhaltlichen Angebote haben verschiedene

Allgemeine methodische und didaktische Hinweise

Schwerpunkte, die durch Symbole auf den jeweiligen Kopiervorlagen gekennzeichnet sind:

- **Schwerpunkt „Ich und die anderen":** Die Schüler stellen ihre eigene Person, ihre Vorlieben und Fähigkeiten anhand verschiedener Aspekte vor. Wichtige Bezugspersonen, wie Familie oder Freunde, werden ebenfalls in den Fokus gestellt.

- **Schwerpunkt „Mein Heimatland – Da komme ich her":** Die Schüler stellen ihr Heimatland auf vielfältige und individuelle Weise vor.

- **Schwerpunkt „Neu in Deutschland":** Die Ankunft in Deutschland markiert den Beginn eines neuen Lebensabschnitts. Die Vorlagen innerhalb dieses Themen-Schwerpunkts regen die Schüler dazu an, ihren Start in Deutschland und ihre aktuelle Situation zu reflektieren und sich Sachwissen über Deutschland zu erarbeiten.

Neu in Deutschland

Hinweise zur Umsetzung

Wenn Ihre Schüler die Lapbook-Methode noch nicht kennen, sollten Sie bereits fertige Beispiele (von Vorgängerklassen oder von Ihnen selbst gestaltet) zum Stöbern und Entdecken zur Verfügung stellen. Sollte dies nicht möglich sein, können Sie auch die Fotos aus diesem Materialband zeigen.

Zielorientierung

Informieren Sie Ihre Schüler darüber, dass Sie gemeinsam mit ihnen Lapbooks gestalten möchten. Geben Sie Hinweise zur genauen Vorgehensweise (z. B. Zeitraum, Inhalte).

Falten und Gestalten des Umschlags

Falten Sie in der ersten Stunde gemeinsam mit Ihren Schülern den Lapbook-Umschlag. Dazu können die Schüler die hier enthaltenen Vorlagen zur Gestaltung der Titelseite (S. 33) nutzen.

Arbeit an den Inhalten

Die Lapbooks können in Einzel-, Partner- oder Gruppenarbeit erstellt werden. Das Ziel ist jedoch, dass jeder Schüler sein eigenes Lapbook gestaltet. Die Schüler gestalten ihre Faltbücher und erarbeiten sich mit ihrer Hilfe die Inhalte. Dabei können Sie methodisch unterschiedlich vorgehen:

- Die Schüler gestalten ihre Faltbücher nach der gemeinsamen Themenerarbeitung im Plenum. Das Lapbook dient in diesem Fall der Ergebnissicherung in einem überwiegend lehrerzentrierten Unterricht.
- Die Schüler gestalten die Faltbücher während eines Stationsbetriebs selbstständig. Dafür wird pro Station ein vorgegebenes Faltbuch bearbeitet. Legen Sie dafür Pflicht- und Wahlstationen fest, damit die Schüler gemeinsame Grundlagen erarbeiten, aber auch Inhalte frei wählen können.
- Die Schüler erarbeiten sich die Inhalte in ihrem individuellen Tempo im offenen Unterricht. Sie erhalten z. B. einen Arbeitsplan mit den zu bewältigenden Aufgaben.
- Schüler, die bereits in den Regelunterricht integriert sind, können ihre Lapbooks in Förder- bzw. Integrationsstunden erstellen.

Präsentation

Fertige Lapbooks können …

- im Klassenzimmer ausgelegt oder ausgehängt und von allen Schülern im Rahmen eines „Gallery Walk" betrachtet werden.
- mithilfe von Impulsfragen angeleitet durch die Schüler selbst vorgestellt werden. (Was gefällt mir an meinem Lapbook besonders gut? Was hat mir Spaß gemacht? Was ist mir schwergefallen?)
- den Eltern an einem Elternabend vorgestellt werden.

Allgemeine methodische und didaktische Hinweise

Selbsteinschätzung

Um die Schüler dazu anzuregen, ihren Lernprozess zu reflektieren und ihr Lapbook einschätzen zu lernen, bietet sich ein Bewertungsbogen an („So ist mein Lapbook“, S. 32).

TIPP:
Teilen Sie den Bewertungsbogen bereits in den letzten Stunden vor der Abgabe des Lapbooks aus, damit die Schüler vor dem Abgabetermin noch Veränderungen vornehmen können.
Der Bewertungsbogen kann auf der Lapbook-Rückseite aufgeklebt oder zusammengefaltet in das Lapbook eingeklebt werden.
Bevor die Lapbooks zum Üben eingesetzt werden, sollten Sie die eingetragenen Ergebnisse auf Richtigkeit überprüfen.

Benötigtes Material

Material für den Umschlag

- pro Schüler mindestens ein farbiger Bogen Tonkarton in DIN-A3-Größe (für den Umschlag),
- pro Schüler mindestens ein farbiger Bogen Kopier- oder Tonpapier in DIN-A4-Größe (um den mittleren Teil der Mappe hervorzuheben),
- pro Schüler mehrere Bögen Tonkarton in DIN-A4-Größe und Tonkartonreste (zum Ankleben von zusätzlichen Klappen)
- pro Schüler eine Schere und ein Klebestift
- für die gesamte Lerngruppe ein bis zwei Rollen Klebeband (zum Befestigen zusätzlicher Klappen)

TIPP:
Für das Anbringen von zusätzlichen Klappen eignet sich am besten breites Papier- oder Textilklebeband (z. B. Malerkrepp).
Wenn Sie sehr viele Faltbücher mit Ihren Schülern umsetzen möchten, bietet es sich an, die Seitenklappen der Mappe großzügig zu erweitern, oder einen weiteren Umschlag an der Rückseite einer Seitenklappe anzubringen (s. S. 31).

Material für die Faltbücher

- pro Schüler einen Klebestift, eine Schere, mehrere Filz-/Bunt- und Schreibstifte
- für die gesamte Lerngruppe Musterbeutelklammern, Heftgeräte und Locher

Gegebenenfalls darüber hinaus benötigtes Zusatzmaterial wird in der Gesamtübersicht („Übersicht der Kopiervorlagen“, S. 8–17) aufgeführt.
Die Faltanleitungen finden Sie ebenfalls in der Gesamtübersicht. Um den Schülern das Falten, Kleben und Heften der Faltbücher zu erleichtern, ist es empfehlenswert, Muster anzufertigen und ihnen als Anschauungsbeispiele (ohne Inhalt) zur Verfügung zu stellen. Diese Muster können z. B. auf einem Plakat aufgeklebt werden. Sollte Ihnen dies im Vorfeld nicht möglich sein, können Sie den Schülern auch die Übersicht aller Faltbücher (S. 29/30) zur Verfügung stellen.
Erweitern Sie, wenn nötig, einzelne Faltbücher um weitere Elemente, indem Sie den Schülern mehrere Kopien der Faltbücher zur Verfügung stellen.

Hilfsmaterial

Sie finden in diesem Buch zehn „Sprachbausteine“ (S. 18–27), auf denen die Schüler für die Bearbeitung der Aufgaben notwendiges Wortschatzwissen finden. Auf den Kopiervorlagen ist vermerkt, welche Sprachbausteine zur Bearbeitung der Aufgaben genutzt werden können.

TIPP:
Sammeln Sie die „Sprachbausteine“ in einem Karteikasten. Laminieren Sie die Karten für den häufigen Gebrauch und stellen diese den Schülern an einem zentralen Ort im Klassenraum zur Verfügung. Je nach Schülerzahl empfiehlt es sich dabei, die Karten evtl. mehrfach anzubieten.

Übersicht der Kopiervorlagen

Sprachbausteine

Material	Beschreibung	Verwendungsmöglichkeiten	Benötigtes Zusatzmaterial
Sprachbaustein 1 **So sehe ich aus** (S. 18)	Vokabeln zur Beschreibung von Äußerlichkeiten	⊙ die Karten (je nach Bedarf) den Schülern an einem zentralen Ort zur Verfügung stellen (dazu laminieren und in einem Karteikasten sammeln) *oder* Kopien für die Schülerhand anfertigen	Laminierfolien, Laminiergerät, passender Karteikasten
Sprachbaustein 2 **Meine Kleidung** (S. 19)	Vokabeln zum Thema „Kleidungsstücke"		
Sprachbaustein 3 **So bin ich – So bist du** (S. 20)	Adjektive zur Beschreibung von Charaktereigenschaften		
Sprachbaustein 4 **Das mag ich – Das mag ich nicht** (S. 21)	Vokabeln aus den Bereichen „Essen", „Farben" und „Sportarten"	⊙ auf der Karte „Das mag ich – Das mag ich nicht" auf den s/w-Kopien in den Klecksen die genannten Farben anbringen	
Sprachbaustein 5 **Meine Freizeit** (S. 22)	Vokabeln zum Beschreiben von Freizeitaktivitäten		
Sprachbaustein 6 **Meine Familie** (S. 23)	Übersicht über Familienstrukturen und passende Vokabeln		
Sprachbaustein 7 **Mein Geburtstagskalender** (S. 24)	Übersicht über die Monate und Hinweise zum Notieren eines Datums		
Sprachbaustein 8 **Mein Deutschland-Quiz 1** (S. 25)	erste Fakten/landeskundliche Informationen zu Deutschland		
Sprachbaustein 9 **Mein Deutschland-Quiz 2** (S. 26)	W-Fragewörter und -Fragen		
Sprachbaustein 10 **Mein Wohnort** (S. 27)	wichtige Gebäude und Einrichtungen in einer Stadt		

Übersicht der Kopiervorlagen

Gestalten und Einschätzen des Lapbooks

Material	Beschreibung	Verwendungsmöglichkeiten	Benötigtes Zusatzmaterial
Die Symbole (S. 28)	Erklärung der Symbole und der inhaltlichen Schwerpunkte	⊙ Kopien für die Schülerhand anfertigen oder ⊙ eine (vergrößerte) Kopie im Klassenraum aushängen ⊙ zu Beginn der Arbeit erklären	–
Übersicht der Faltbücher (S. 29/30)	Abbildungen fertiger Faltbücher	⊙ (vergrößerte) Kopie im Klassenraum aushängen oder ⊙ fertige Faltbücher als Muster auf ein Plakat kleben ⊙ Verwendung einer Kopie als Arbeitsplan im offenen Unterricht möglich (Pflicht- und Wahlaufgaben markieren; Schüler haken erledigte Aufgaben ab)	mehrere farbige Bögen Tonkarton in DIN-A3-Größe
Faltanleitung für das Lapbook (S. 31)	Anleitung zum Falten eines einfachen Umschlags für ein Lapbook	⊙ Kopien für die Schülerhand anfertigen ⊙ beim erstmaligen Gestalten gemeinsam mit den Schülern falten	–
So ist mein Lapbook (Bewertungsbogen) (S. 32)	Einschätzung des eigenen Lernprozesses durch die Schüler während/nach Erstellung des Lapbooks	⊙ Kopien für die Schülerhand anfertigen (einige Stunden vor der Fertigstellung der Lapbooks ausgeben, damit die Schüler ihre Lapbooks überarbeiten können) Dazu kreuzen die Schüler den aktuellen Ist-Stand mit Bleistift an. ⊙ nach Fertigstellung des Lapbooks in Einzelarbeit mit Füller oder Kugelschreiber bearbeiten lassen ⊙ Bewertungsbogen gefaltet in das Lapbook kleben oder ⊙ als DIN-A4-Seite auf der Rückseite des Lapbooks befestigen	–
Meine Titelseite (S. 33)	Vorlagen zum Gestalten des Deckblatts	⊙ Kopien für die Schülerhand anfertigen ⊙ Vorlage als Beispiel anfertigen ⊙ evtl. nur grobe Vorgaben für das Deckblatt machen (Thema, Name, Klasse), sonst freie Gestaltung der Titelseite durch die Schüler	–

Übersicht der Kopiervorlagen

Faltvorlagen zum Wortschatz

Material	Beschreibung	Verwendungsmöglichkeiten	Benötigtes Zusatzmaterial
Nicht vergessen: schwierige Wörter S. 34)	Vorlage zum Sammeln und Üben von Lern-wörtern	⊙ Klebeflächen der Tasche nach hinten falten ⊙ Tasche in das Lapbook kleben ⊙ Vorlagen für Karten mit Lernwörtern beschriften, auseinanderschneiden und in der Tasche aufbewahren	–
Meine Wort-schatzsammlung (S. 35)	Vorlage zum Sammeln und Üben des Wort-schatzes zum Thema des Lapbooks	⊙ Vorlage entlang der Linie zur Klebefläche mittig aus-einanderschneiden ⊙ schmale Klappen einschneiden ⊙ beide Teile der Vorlage auf-einanderlegen und an der angegebenen Klebefläche zusammenkleben ⊙ für verschiedene Lernbereiche das Faltbuch mehrmals an-fertigen	–

Übersicht der Kopiervorlagen

Inhaltliche Faltvorlagen

Material	Beschreibung	Verwendungsmöglichkeiten	Benötigtes Zusatzmaterial
Das bin ich (S. 36)	vorgegebene Sätze zur eigenen Person ergänzen	⊙ abgerundete Klappen einschneiden ⊙ Vorlage an der Rückseite des Mittelstreifens in das Lapbook kleben, sodass die Klappen auf beiden Seiten zu öffnen sind	–
So sehe ich aus (S. 37)	das eigene Aussehen beschreiben **Wortschatz:** äußere Merkmale von Personen **Grammatik:** Nomen mit bestimmtem Artikel (Singular und Plural), Adjektive	⊙ große, viereckige Vorlage entlang der Mittellinie falten ⊙ den Halter (kleiner Streifen) in der Mitte falten ⊙ Klebeflächen nach hinten klappen und auf die geöffnete, viereckige Vorlage kleben ⊙ ausgeschnittenen „Spiegel“ auf den Halter kleben	Sprachbaustein 1 **So sehe ich aus** (S. 18) evtl. Spiegel, Fotos der Schüler
Meine Kleidung (S. 38)	Lieblingskleidungsstücke benennen und beschreiben **Wortschatz:** Kleidungsstücke **Grammatik:** Nomen mit bestimmtem Artikel (Singular und Plural), Ergänzung passender Adjektive	⊙ große Vorlage mit Schranktüren zur Mitte falten ⊙ Schubkastenklappe an der Kante zur Klebefläche mittig falten ⊙ Türen und Schubkästen wie bei einem Schrank untereinander in das Lapbook kleben	Sprachbaustein 2 **Meine Kleidung** (S. 19) evtl. Kataloge bzw. Werbeprospekte mit Mode
So bin ich (S. 39)	den eigenen Charakter beschreiben, persönliche Eigenschaften bewerten **Wortschatz:** Charaktereigenschaften **Grammatik:** Adjektive und ihre Antonyme	⊙ die Blütenblätter der Reihe nach zur Mitte falten ⊙ zum Verschließen das letzte Blütenblatt unter das erste stecken ⊙ die geschlossene Blume mit der Rückseite in das Lapbook kleben	Sprachbaustein 3 **So bin ich – So bist du** (S. 20)

Übersicht der Kopiervorlagen

Material	Beschreibung	Verwendungsmöglichkeiten	Benötigtes Zusatzmaterial
Das mag ich (S. 40)	sich über persönliche Vorlieben äußern **Wortschatz:** Farben, Sportarten, Gerichte/ Lebensmittel u. a. Bereiche, auf die sich Vorlieben beziehen können **Grammatik:** Nomen, Adjektive, einfache Aussagesätze	⊙ alle Herzen entlang der angedeuteten Linie mittig falten ⊙ ein Herz links oder rechts rückseitig des Herzens „Das mag ich" kleben ⊙ die weiteren Herzen wiederum links oder rechts rückseitig des zuletzt angeklebten Herzens kleben	Sprachbaustein 4 **Das mag ich – Das mag ich nicht** (S. 21)
Das mag ich nicht (S. 41)	sich über persönliche Abneigungen äußern, die Abneigungen begründen **Wortschatz:** Musik, Tiere, Gerichte/Lebensmittel u. a. Bereiche, auf die sich Abneigungen beziehen können **Grammatik:** Nomen, Verben und Adjektive, einfache Aussagesätze, Negationen	⊙ die kleinen Klappen einschneiden und zur Mitte falten ⊙ die große Klappe darüberfalten ⊙ Vorlage an der Klebefläche im Lapbook befestigen	Sprachbaustein 4 **Das mag ich – Das mag ich nicht** (S. 21)
Mein Alltag in Bildern (S. 42)	den eigenen Alltag mithilfe von Fotos dokumentieren **Wortschatz:** Begriffe rund um Alltagsbereiche, Tätigkeiten und Gewohnheiten **Grammatik:** einfache Aussagesätze zu Alltagssituationen	⊙ die große Klebefläche zur Mitte falten ⊙ die kleinen Klebeflächen darüberfalten und auf der Rückseite der Einstecktasche festkleben ⊙ ggf. im Rahmen von Differenzierung gezielte Aufträge geben, z. B. „mein Lieblingsplatz" oder „beim Essen" … **Tipp:** Führen Sie mit den Schülern ein Fotoprojekt durch.	Smartphones, Fotokameras
Meine Freizeit (S. 43)	Freizeitaktivitäten benennen und eine Rangfolge erstellen **Wortschatz:** Freizeitaktivitäten **Grammatik:** Verben, (Konjugation in der 1. Person Singular), W-Fragewörter	⊙ die Vorlage wie ein Leporello entlang der Linien abwechselnd vor- und zurückfalten ⊙ die Titelseite „Meine Freizeit" liegt oben ⊙ das letzte Feld an der Rückseite in das Lapbook kleben	Sprachbaustein 5 **Meine Freizeit** (S. 22)

Übersicht der Kopiervorlagen

Material	Beschreibung	Verwendungsmöglichkeiten	Benötigtes Zusatzmaterial
Meine Familie (S. 44)	Familienmitglieder mit Namen, Alter und Wohnort vorstellen **Wortschatz:** Verwandtschafts-beziehungen **Grammatik:** Nomen, Pronomen	⊙ Klebeflächen der Einstecktasche nach hinten falten und in das Lapbook kleben ⊙ Kärtchen (pro Familienmitglied ein Kärtchen) entlang der Linien ausschneiden und in die Tasche stecken ⊙ ggf. im Rahmen von Differenzierung weitere Angaben zu den Familienmitgliedern aufnehmen, z. B. Beruf, Hobbys ... **Hinweis:** Das Thema „Familie" kann für Flüchtlingskinder schwierig sein. Stellen Sie es deshalb den Schülern frei, sich dazu zu äußern und Fotos mitzubringen.	Sprachbaustein 6 **Meine Familie** (S. 23) evtl. Familienfotos
Meine Freunde (S. 45)	Freunde in einem Steckbrief vorstellen; beschreiben, was man an seinen Freunden mag **Wortschatz:** Charaktereigenschaften von Personen, Tätigkeiten/Freizeitaktivitäten **Grammatik:** Kausalsätze, Ort- und Zeitangaben, Adjektive	⊙ Vorlage entlang der Faltlinie zur Mitte falten ⊙ die drei Klappen einschneiden, die Klappe mit der Aufschrift „Meine Freunde" darüberfalten ⊙ Vorlage an der Klebefläche ins das Lapbook kleben	Sprachbaustein 3 **So bin ich – So bist du** (S. 20)
Mein Geburtstagskalender (S. 46/47)	Geburtstage von Familienmitgliedern und Freunden in einen Kalender eintragen **Wortschatz:** Monatsnamen **Grammatik:** Ordnungszahlen, Datumsformat	⊙ die einzelnen Monatskärtchen auseinanderschneiden ⊙ Kärtchen übereinanderlegen und mit einem Heftgerät an der oberen Kante verbinden ⊙ den Kalender mit der Rückseite des letzten Kärtchens in das Lapbook kleben	Sprachbaustein 7 **Mein Geburtstagskalender** (S. 24) Heftgerät

Übersicht der Kopiervorlagen

Material	Beschreibung	Verwendungsmöglichkeiten	Benötigtes Zusatzmaterial
Meine Zukunft (S. 48)	Gedanken und Wünsche über die eigene Zukunft äußern **Wortschatz:** Begriffe rund um die Lebensplanung **Grammatik:** einfache Aussagesätze, ggf. Gebrauch des Futur I	⊙ ausgeschnittene Kreise auf die Wahrsagekugel legen. ⊙ die Kreise mit einem Heftgerät miteinander verbinden und in das Lapbook kleben	Heftgerät
Mein Heimatland (S. 49)	einfache Sachtexte aus dem Internet lesen und verstehen, einen Steckbrief zum Herkunftsland verfassen **Wortschatz:** landeskundliche Begriffe **Grammatik:** einfache Aussagesätze	⊙ für den Halter die Klebeflächen nach hinten falten und in das Lapbook kleben ⊙ den Steckbrief als Schriftrolle zusammenrollen und in den Halter stecken	PC mit Internetanschluss, alternativ Smartphone Bilder/Fotos des Heimatlandes
Wie sagt man auf ...? (S. 50)	einfache Begriffe und Aussagen/Fragen in die Sprache des Heimatlandes übersetzen **Wortschatz:** Sätze/Begriffe rund um die erste Kommunikation	⊙ die kleinen Klappen einschneiden ⊙ alle kleinen Klappen zur Mitte falten ⊙ Klappe mit „Wie sagt man auf ...?" nach vorn falten und festkleben ⊙ das Faltbuch an der Klebefläche in das Lapbook kleben	–
Feste feiern in ... (S. 51)	ein Fest aus dem Heimatland vorstellen **Wortschatz:** Begriffe rund um Feste und Rituale **Grammatik:** einfache Aussagesätze	⊙ einzelne Kärtchen in der vorgegebenen Reihenfolge aufeinanderlegen ⊙ mit einem Heftgerät an der oberen Kante miteinander verbinden und in das Lapbook kleben	Heftgerät Bilder/Fotos der jeweiligen Feste
So schmeckt es in ... (S. 52)	landestypische Speisen/Lebensmittel aufführen **Wortschatz:** Lebensmittel, Speisen und Getränke **Grammatik:** einfache Aussagesätze	⊙ obere und untere Klappe nacheinander zur Mitte falten ⊙ den mittleren Teller mit der Rückseite in das Lapbook kleben	–

Übersicht der Kopiervorlagen

Material	Beschreibung	Verwendungsmöglichkeiten	Benötigtes Zusatzmaterial
Ein typischer Tag in … (S. 53)	den früheren Tagesablauf im Heimatland beschreiben **Wortschatz:** Tagesangaben, Tätigkeiten **Grammatik:** einfache Aussagesätze, adverbiale Zeitangaben und Zeitangaben mit substantivischem Gebrauch	⊙ Vorlage ausschneiden ⊙ beide Teile der Vorlage an der Klebefläche zu einem langen Streifen zusammenkleben ⊙ wie ein Leporello abwechselnd vor- und zurückfalten	–
Geld aus meiner Heimat (S. 54/55)	Geldmünzen und -scheine aus der Heimat nachbilden, einen fiktiven Kassenbon befüllen, den zu zahlenden Gesamtbetrag ausrechnen und mithilfe eines Währungsrechners in Euro umrechnen **Wortschatz:** Münzen und ihre Werte, Begriffe aus dem Lebensmittelbereich, Haushaltswaren o.Ä. **Grammatik:** Nomen (Singular und Plural), Größen und ihre Einheiten	⊙ die Vorlage entlang der Faltlinien falten ⊙ alle Klebeflächen nach hinten falten und auf den zugehörigen Flächen festkleben (dabei zunächst das Geldscheinfach und zum Schluss das Münzfach festkleben) ⊙ die Geldbörse in der Mitte falten (zuklappen) ⊙ Münzen, Scheine und den Kassenzettel ausschneiden und in den Fächern der Geldbörse aufbewahren **Tipp:** Falls die Schüler Münzen aus ihrem Herkunftsland dabeihaben, können sie diese unter das Papier legen und durch Rubbeln durchpausen	PC mit Internetanschluss (für Währungsrechner), alternativ Smartphones evtl. Euromünzen und Münzen der Schüler aus dem jeweiligen Herkunftsland
Mein Deutschland-Quiz (S. 56)	Informationen über Deutschland aus einem Sachtext erarbeiten (enthalten in Sprachbaustein 8: „Mein Deutschland-Quiz 1", S. 25) **Wortschatz:** W-Fragewörter, landeskundliche Begriffe **Grammatik:** W-Fragen/ W-Fragewörter	⊙ die beiden schmalen Seitenklappen links und rechts zur Mitte falten ⊙ die Klappen mit Fragezeichen darüberfalten und zum Verschließen miteinander verschränken ⊙ Karten ausschneiden und in der Tasche aufbewahren	Sprachbaustein 8 **Mein Deutschland-Quiz 1** (S. 25) Sprachbaustein 9 **Mein Deutschland-Quiz 2** (S. 26) weitere Blankobögen Papier

Übersicht der Kopiervorlagen

Material	Beschreibung	Verwendungsmöglichkeiten	Benötigtes Zusatzmaterial
Typisch Deutschland (S. 57)	für das Land Deutschland Typisches benennen und ein Mesostichon schreiben **Wortschatz:** landeskundliche Begriffe **Grammatik:** Nomen	⊙ beide Seitenklappen zur Mitte falten, sodass nur noch „Deutschland" zu sehen ist ⊙ mit der Rückseite in das Lapbook kleben	–
Deutschland ist … (S. 58)	einen eigenen Standpunkt zu Deutschland finden und begründen **Wortschatz:** Landeskundliches **Grammatik:** Nebensätze mit der Konjunktion „dass"	⊙ Aus den Vorlagen werden zwei Faltbücher („Mir gefällt"/"Mir gefällt nicht") gestaltet. ⊙ die Hände mit Daumen so nach oben bzw. unten aufeinanderlegen, dass jeweils nur das Titelblatt oben liegt ⊙ die kleinen Stapel mit einem Heftgerät verbinden oder Blatt für Blatt zusammenkleben	Heftgerät
Mein Weg nach Deutschland (S. 59)	vorgegebene Fragen zum Weg nach Deutschland beantworten, Erlebnisse und Gefühle zum ersten Tag in Deutschland äußern **Wortschatz:** Gedanken, Gefühle, Erlebnisse schildern **Grammatik:** Antworten zu W-Fragen formulieren	⊙ erst untere, dann obere Klappe mit Koffer zur Mitte falten und an der Klebefläche in das Lapbook kleben	–
Mein Wohnort in Deutschland (S. 60)	den neuen Wohnort vorstellen: Lieblingsplatz, wichtige Orte, Freizeitmöglichkeiten **Wortschatz:** Einrichtungen, Örtlichkeiten in einer Stadt **Grammatik:** Nomen (Singular und Plural), Kausalsätze mit der Konjunktion „weil", Verben (Konjugation der Verben 1. Person Singular)	⊙ alle Vorlagen aufeinanderlegen, sodass die Titelseite mit dem Ortschild oben liegt ⊙ den schwarzen Punkt auf allen Vorlagen mit einem spitzen Stift durchstechen oder lochen ⊙ die Vorlagen mit einer Musterbeutelklammer verbinden	Sprachbaustein 10 **Mein Wohnort** (S. 27) Musterbeutelklammern, Locher

Übersicht der Kopiervorlagen

Material	Beschreibung	Verwendungsmöglichkeiten	Benötigtes Zusatzmaterial
Hier wohne ich (S. 61)	über die eigene Wohnsituation erzählen: ⊙ die Adresse notieren ⊙ Mitbewohner nennen ⊙ eigenes Zimmer und Außenansicht des Wohnhauses gestalten **Wortschatz:** Familienmitglieder, Bestandteile einer Adresse	⊙ die Dreiecke und die untere Klappe zur Mitte falten, sodass eine Hausform entsteht	–
Mein Rezept fürs gute Ankommen (S. 62)	reflektieren, was das Einleben in Deutschland befördert hat, und dies in ein Rezept übersetzen **Grammatik:** Größen und ihre Einheiten, Nomen, einfache Aussagesätze	⊙ die große, untere Klappe des Briefumschlags zur Mitte falten ⊙ die Klebeflächen darüberfalten und auf der Rückseite des Umschlags festkleben ⊙ zum Verschließen des Briefes die dreieckige Klappe darüberfalten ⊙ das Rezept so falten, dass es in den Briefumschlag passt	–
Meine Ziele (S. 63)	die persönlichen Ziele reflektieren bzw. Ziele für die weitere Zeit formulieren **Grammatik:** einfache Aussagesätze	⊙ Pfeile an der Faltlinie falten ⊙ Zielscheibe auf das Lapbook kleben ⊙ Pfeile auf der Zielscheibe anordnen und mit der Rückseite festkleben	–
Deutschland und mein Heimatland (S. 64)	Gemeinsamkeiten und Unterschiede zwischen Deutschland und dem Heimatland reflektieren **Grammatik:** einfache Aussagesätze bzw. Nomen	⊙ die kleinen Klappen entlang der gestrichelten Linien einschneiden ⊙ die drei kleinen Klappen zur Mitte falten ⊙ die schmale Klappe oben darüberfalten	–

Sprachbaustein 1 So sehe ich aus

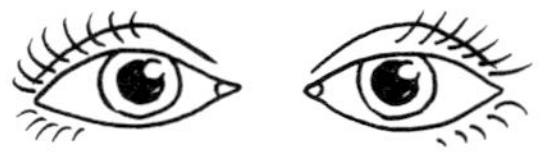

blau braun grau grün	blond braun rot schwarz	kurz	lang	lockig	glatt
der Zopf die Zöpfe	der Pferdeschwanz die Pferdeschwänze	der Pony die Ponys	der Vollbart die Vollbärte	der Schnurrbart die Schnurrbärte	die Sommersprosse die Sommersprossen
groß	klein	schlank	korpulent	die Narbe die Narben	das Muttermal die Muttermale

© Verlag an der Ruhr | Autorin: Doreen Blumhagen | ISBN 978-3-8346-4059-8 | www.verlagruhr.de

© Verlag an der Ruhr | Autorin: Doreen Blumhagen | ISBN 978-3-8346-4059-8 | www.verlagruhr.de

Sprachbaustein 2 Meine Kleidung

Abb., wenn nicht anders angegeben: © Norbert Höveler

die Hose die Hosen	die Jeans die Jeans	die Shorts	das T-Shirt die T-Shirts	der Pullover die Pullover	die Strickjacke die Strickjacken
das Hemd die Hemden	die Bluse die Blusen	das Kleid die Kleider	der Rock die Röcke	die Jacke die Jacken	die Jeansjacke die Jeansjacken
der Mantel die Mäntel	der Schuh die Schuhe	der Turnschuh die Turnschuhe	der Stiefel die Stiefel	der Gürtel die Gürtel	die Mütze die Mützen
die Kappe die Kappen	der Hut die Hüte	der Schal die Schals	das Tuch die Tücher	der Rucksack die Rucksäcke	die Tasche die Taschen

Sprachbaustein 3 So bin ich – So bist du

Mit diesen Wörtern (Adjektiven) kannst du den Charakter (= die Eigenschaften) von Personen beschreiben.
Hinter dem Pfeil (↔) steht immer das Gegenteil der Eigenschaft.

aufgeschlossen → *auf andere zugehen*	↔ **scheu, schüchtern**	**hilfsbereit** → *anderen gerne helfen*	↔ **egoistisch**
ehrlich → *die Wahrheit sagen*	↔ **unehrlich**	**locker** → *cool sein*	↔ **angespannt, ernst**
ehrgeizig → *viel erreichen wollen*	↔ **gleichgültig, faul**	**temperamentvoll** → *lebendig sein*	↔ **ruhig**
ernst → *viel nachdenken, ruhig sein*	↔ **fröhlich, lustig**	**mutig** → *keine Angst haben*	↔ **ängstlich**
fleißig → *viel arbeiten oder lernen*	↔ **faul**	**neugierig** → *sich für vieles interessieren, viel fragen*	↔ **gleichgültig**
freundlich → *nett sein, gut gelaunt sein*	↔ **unfreundlich**	**pünktlich** → *immer zu richtigen Zeit kommen*	↔ **unpünktlich**
genügsam → *mit wenig zufrieden sein*	↔ **anspruchsvoll**	**schüchtern** → *unsicher sein, sehr zurückhaltend gegenüber anderen sein*	↔ **selbstbewusst**
gewissenhaft → *etwas genau machen*	↔ **oberflächlich**	**sportlich** → *Sport machen, sich gerne bewegen*	↔ **unsportlich**
hartnäckig → *nicht aufgeben wollen*	↔ **nachgiebig**	**zuverlässig** → *seine Versprechen halten, sein Wort halten*	↔ **unzuverlässig**

Sprachbaustein 4 Das mag ich – Das mag ich nicht

Essen		Farben		Sportarten	
Burger und Pommes	Eis	blau die Farbe Blau/ das Blau	braun die Farbe Braun/ das Braun	Basketball spielen	Fahrrad fahren
Fisch	Fleisch	gelb die Farbe Gelb/ das Gelb	grün die Farbe Grün/ das Grün	Fußball spielen	joggen
Gemüse	Kuchen	lila die Farbe Lila/ das Lila	orange die Farbe Orange/ das Orange	reiten	schwimmen
Nudeln	Obst	pink die Farbe Pink/ das Pink	rot die Farbe Rot/ das Rot	Tischtennis spielen	turnen
Pizza	Salat	schwarz	weiß	Volleyball spielen	wandern

Sprachbaustein 5 Meine Freizeit

Abb., wenn nicht anders angegeben: © Norbert Höveler

backen Ich backe.	basteln Ich bastle.	Comuter spielen Ich spiele Computer.	entspannen Ich entspanne.	fernsehen Ich sehe fern.	fotografieren Ich fotografiere.
sich mit Freunden treffen Ich treffe mich mit Freunden.	ein Instrument spielen Ich spiele ein Instrument.	im Haushalt helfen Ich helfe im Haushalt.	im Internet surfen Ich surfe im Internet.	ins Kino gehen Ich gehe ins Kino.	kochen Ich koche.
lesen Ich lese.	malen Ich male.	Musik hören Ich höre Musik.	shoppen Ich gehe shoppen.	Sport machen Ich mache Sport.	tanzen Ich tanze.

© Anja Boretzki

© Verlag an der Ruhr | Autorin: Doreen Blumhagen | ISBN 978-3-8346-4059-8 | www.verlagruhr.de

Sprachbaustein 6 Meine Familie

alle Abb.: © Norbert Höveler

Sprachbaustein 7 Mein Geburtstagskalender

Kalender: © Norbert Höveler

Ordnungszahlen:
Mit Ordnungszahlen kann man eine Reihenfolge festlegen. Zum Beispiel bilden die Monate im Jahr eine Abfolge. Jeder Monat hat eine Ordnungszahl.

1. Monat:	Januar
2. Monat:	Februar
3. Monat:	März
4. Monat:	April
5. Monat:	Mai
6. Monat:	Juni
7. Monat:	Juli
8. Monat:	August
9. Monat:	September
10. Monat:	Oktober
11. Monat:	November
12. Monat:	Dezember

So schreibst du ein Datum auf:

Beispiel:
Opa Abdurrahman hat am fünften Januar Geburtstag.
Er ist im Jahr 1953 geboren.

Opa Abdurrahman: **05 . 01 . 1953**

Tag Monat Jahr

Sprachbaustein 8

Mein Deutschland-Quiz 1

Brandenburger Tor: © Magnus Siemens

Geografie	Landschaft	Einwohner	Politik	Sehenswürdigkeiten
Deutschland ist ein Land in Mitteleuropa. An Deutschland grenzen neun Nachbarländer: Dänemark, Polen, die Tschechische Republik, Österreich, Schweiz, Frankreich, Luxemburg, Belgien und die Niederlande. Die Hauptstadt von Deutschland ist Berlin. Berlin ist auch die größte Stadt in Deutschland. Deutschland hat 16 Bundesländer. Jedes Bundesland hat seine eigene Hauptstadt.	Ein Drittel Deutschlands besteht aus Wald. Der wichtigste Fluss Deutschlands ist der Rhein. Der Rhein hat eine Gesamtlänge von 1 232,7 Kilometern (km), von denen 695,5 Kilometer durch Deutschland verlaufen. Der Bodensee ist der größte See in Deutschland. Er ist 536 Quadratkilometer (km^2) groß. Ein Teil des Bodensees gehört auch zur Schweiz und zu Österreich. Die Alpen sind ein Hochgebirge mit Bergen von mehr als 2 000 Metern (m) Höhe. Die Bayerischen Alpen sind der deutsche Anteil an den Alpen. Die Zugspitze ist der größte Berg in Deutschland. Dieser Berg liegt in den Bayerischen Alpen und ist 2 962 Meter (m) hoch. Besonders typisch für die Landschaft Deutschlands sind aber die Mittelgebirge. Sie erstrecken sich von der Mitte Deutschlands bis zum Süden.	In Deutschland leben rund 83 Millionen Menschen. Die meisten Einwohner haben Deutsch als Muttersprache. Es leben aber auch viele Menschen mit einer anderen Muttersprache in Deutschland.	Die Staatsform in Deutschland ist die parlamentarische Demokratie. Das bedeutet, dass die Bürger für einen bestimmten Zeitraum Vertreter wählen, die dann politische Entscheidungen treffen. Staatsoberhaupt in Deutschland ist der Bundespräsident. Deutschland ist Mitglied der Europäischen Union.	In Deutschland gibt es viele Schlösser und Burgen. Schloss Neuschwanstein in Bayern ist weltweit bekannt. Es gibt noch viele andere Sehenswürdigkeiten, zum Beispiel: das Brandenburger Tor in Berlin, den Kölner Dom oder den Dresdner Zwinger.

Sprachbaustein 9 Mein Deutschland-Quiz 2

Wenn dir etwas unbekannt ist, kannst du danach fragen.

Die **W-Fragen** sind Fragen mit Fragewörtern, die mit dem Buchstaben „W“ beginnen.
W-Fragen sind Fragen, auf die du nicht mit „Ja“ oder „Nein“ antworten kannst.

Hier sind einige der W-Fragewörter erklärt. Es gibt jedoch noch mehr.

Wer?	Du fragst nach Personen.	Beispiel: **Wer** ist der Bundeskanzler Deutschlands?
Welche?	Du fragst nach Personen, Tieren oder Sachen.	Beispiel: **Welche** Länder grenzen an Deutschland?
Was?	Du fragst nach Sachen oder Tätigkeiten.	Beispiel: **Was** macht ein Bundeskanzler?
Wie	Du fragst nach Namen, Tätigkeiten oder Eigenschaften.	Beispiele: **Wie** heißt die Hauptstadt Deutschlands? **Wie** hoch ist der höchste Berg Deutschlands?
Wo? **Wohin?**	Du fragst nach Orten.	Beispiele: **Wo** liegt Deutschland? **Wohin** fahren viele Deutsche in den Urlaub?
Wann?	Du fragst nach der Zeit.	Beispiel: **Wann** wurde das Brandenburger Tor gebaut?
Wie viel? **Wie viele?**	Du fragst nach der Anzahl.	Beispiel: **Wie viele** Bundesländer hat Deutschland?

Sprachbaustein 10 Mein Wohnort

die Apotheke die Apotheken	der Bahnhof die Bahnhöfe	die Bücherei die Büchereien	© Dorothee Wolters das Denkmal die Denkmäler	das Einkaufszentrum die Einkaufszentren	die Eisdiele die Eisdielen
die Fabrik die Fabriken	das Fitnessstudio die Fitnessstudios	© Eva Spanjardt das Hotel die Hotels	das Kino die Kinos	das Krankenhaus die Krankenhäuser	der Markt die Märkte
das Museum die Museen	der Park die Parks	die Polizei	die Post / das Postamt die Postämter	das Rathaus die Rathäuser	das Restaurant die Restaurants
die Schule die Schulen	das Schwimmbad die Schwimmbäder	das Stadion die Stadien	der Supermarkt die Supermärkte	© Dorothee Wolters die Universität die Universitäten	die Zahnarztpraxis die Zahnarztpraxen

Die Symbole

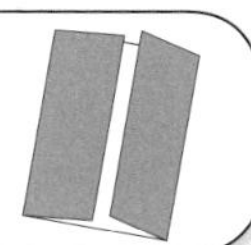

Diese Symbole findest du auf den Materialien.
Sie helfen dir bei der Erarbeitung und Gestaltung deines Lapbooks.

Dieses Symbol zeigt Tipps und Hinweise zur Lapbook-Arbeit an.

Schneide die Vorlage aus und falte diese, wie du es auf deinem Übersichtsplan auf S. 29/30 siehst.

- → Schneidelinie: — — — — — —
- → Faltlinie: --
- → Ausfülllinie : ……………………………………………………

Klebe das Faltbuch an der Klebefläche 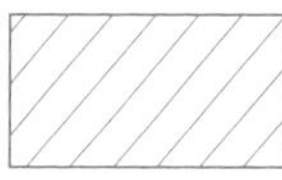 **in dein Lapbook.**

Bearbeite die Aufgabe und fülle das Faltbuch aus:

Schreibe die Antworten in das Faltbuch.

Male passende Bilder oder klebe Bilder und Fotos in das Faltbuch ein.

Nutze dieses Material, wenn du Hilfe zu Wortschatz und Grammatik brauchst.

Diese Schwerpunkte bearbeitest du in deinem Lapbook:

Viel Erfolg!

Übersicht der Faltbücher 1/2

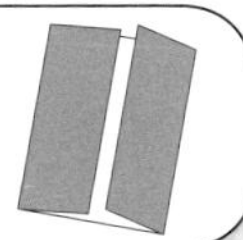

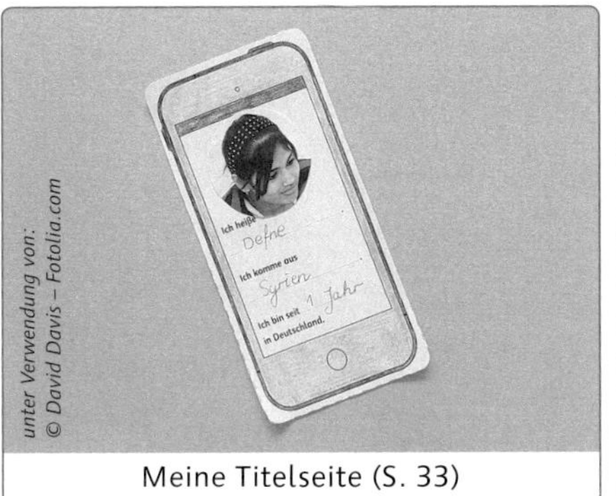

Meine Titelseite (S. 33)

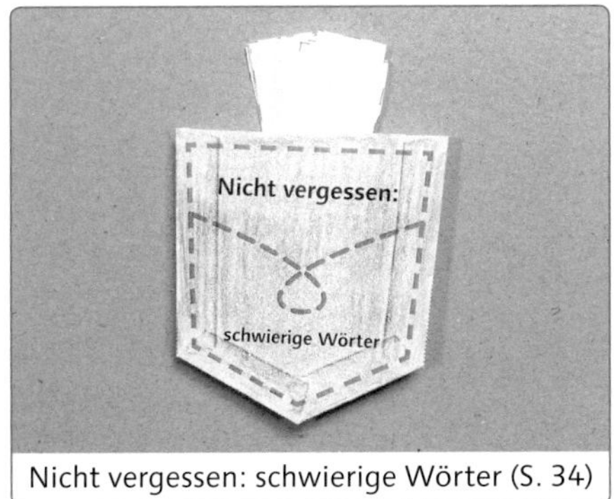

Nicht vergessen: schwierige Wörter (S. 34)

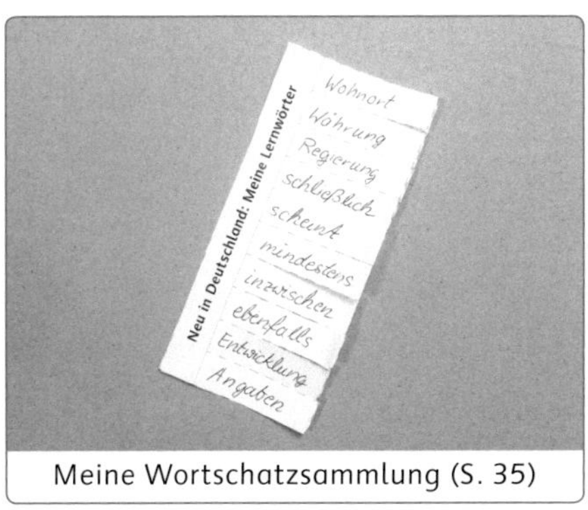

Meine Wortschatzsammlung (S. 35)

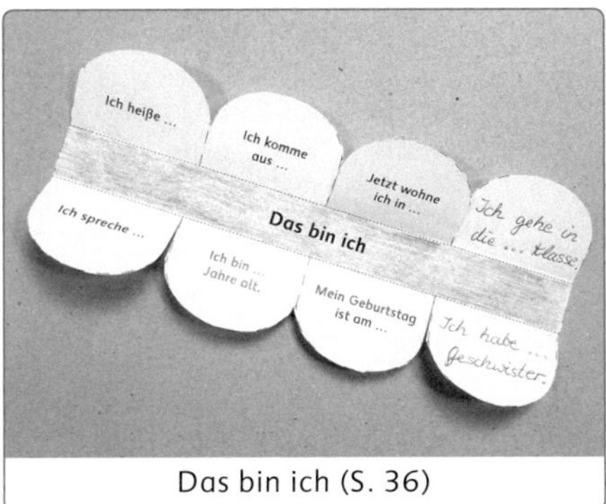

Das bin ich (S. 36)

So sehe ich aus (S. 37)

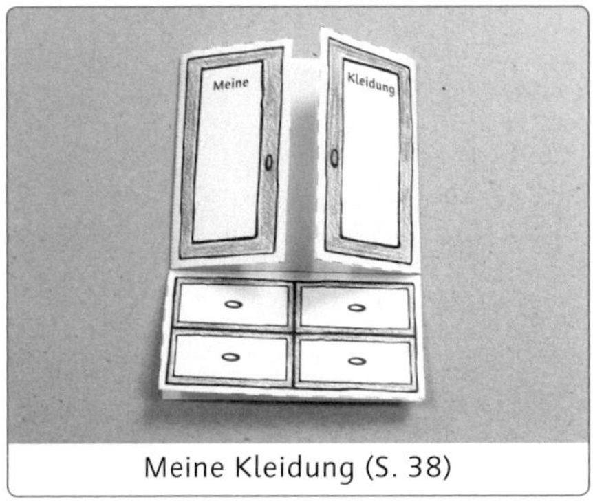

Meine Kleidung (S. 38)

So bin ich (S. 39)

Das mag ich (S. 40)

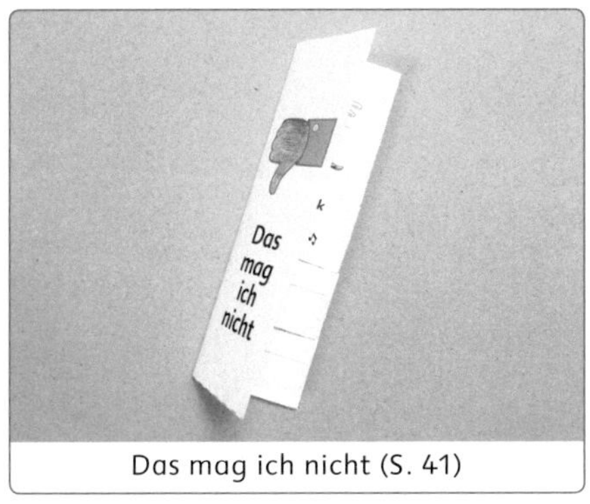

Das mag ich nicht (S. 41)

Mein Alltag in Bildern (S. 42)

Meine Freizeit (S. 43)

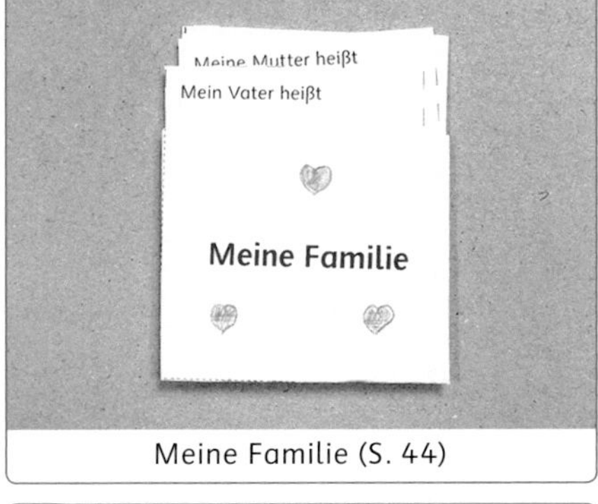

Meine Familie (S. 44)

Meine Freunde (S. 45)

Mein Geburtstagskalender (S. 46/47)

Meine Zukunft (S. 48)

Übersicht der Faltbücher 2/2

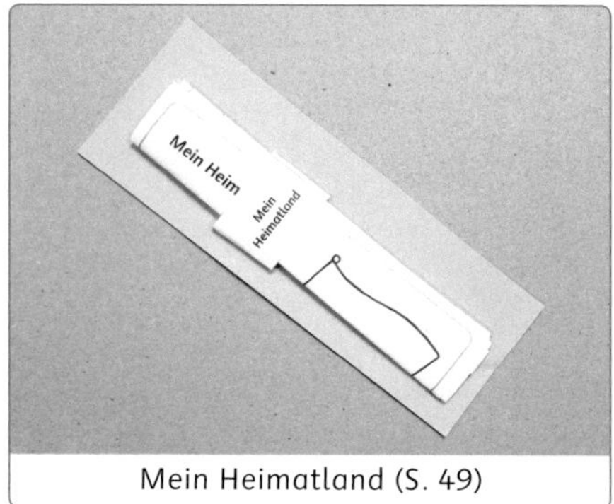

Mein Heimatland (S. 49)

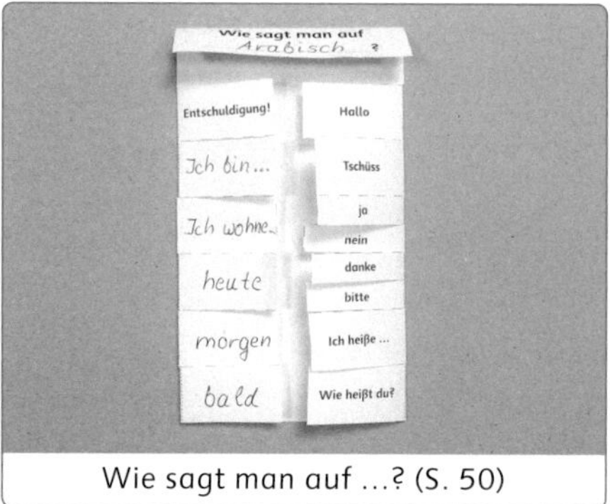

Wie sagt man auf …? (S. 50)

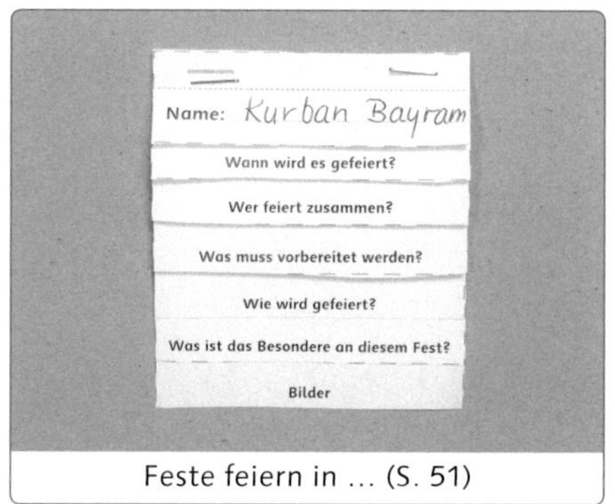

Feste feiern in … (S. 51)

So schmeckt es in … (S. 52)

Ein typischer Tag in … (S. 53)

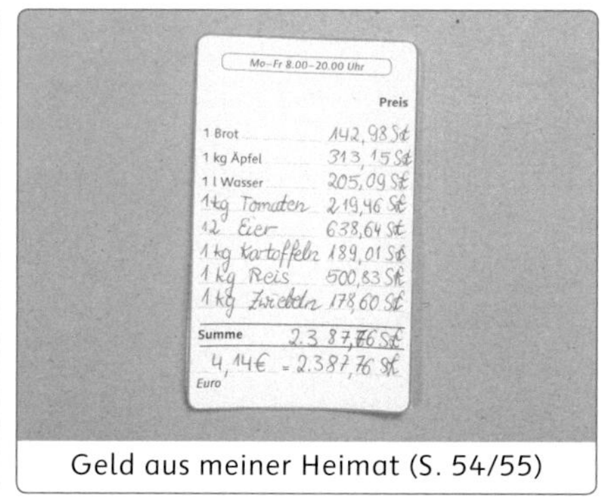

Geld aus meiner Heimat (S. 54/55)

Mein Deutschland-Quiz (S. 56)

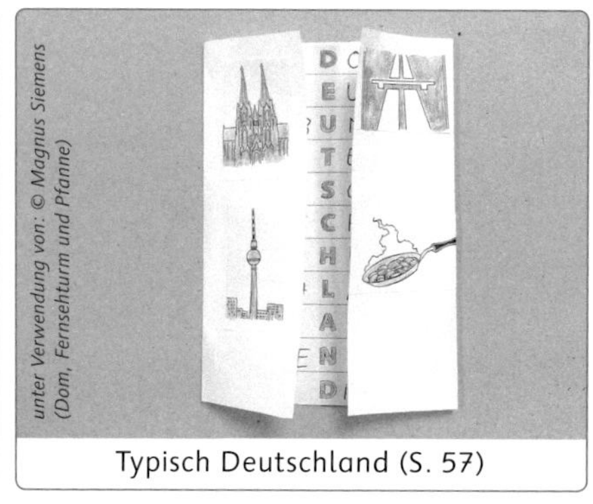

Typisch Deutschland (S. 57)

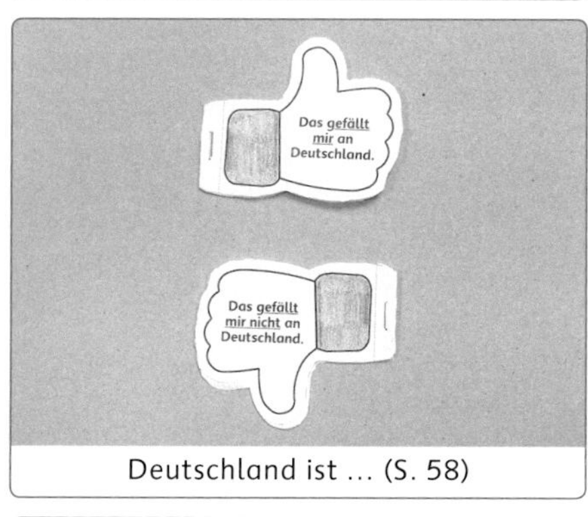

Deutschland ist … (S. 58)

Mein Weg nach Deutschland (S. 59)

Mein Wohnort in Deutschland (S. 60)

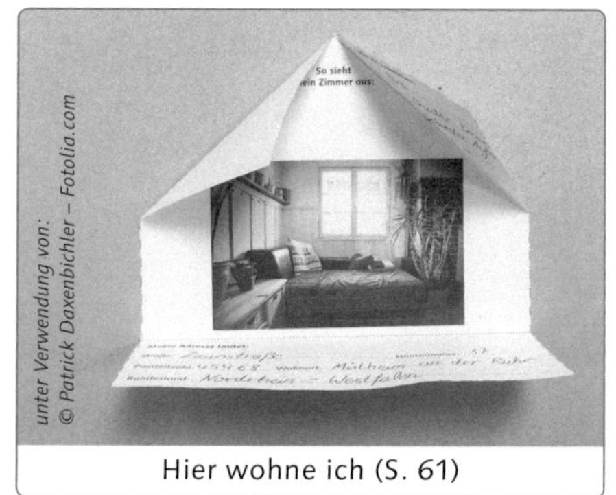

Hier wohne ich (S. 61)

Mein Rezept fürs gute Ankommen (S. 62)

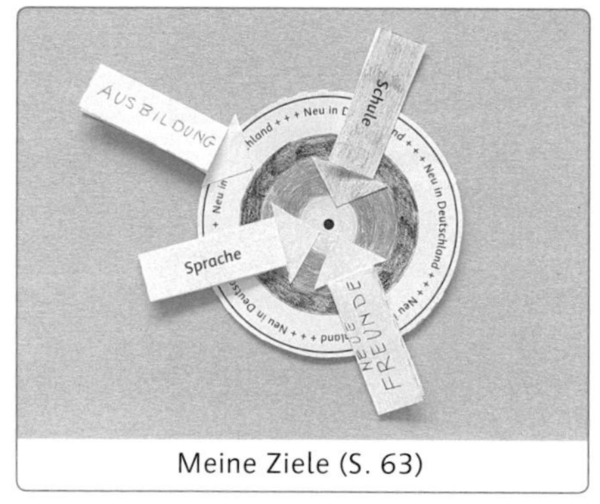

Meine Ziele (S. 63)

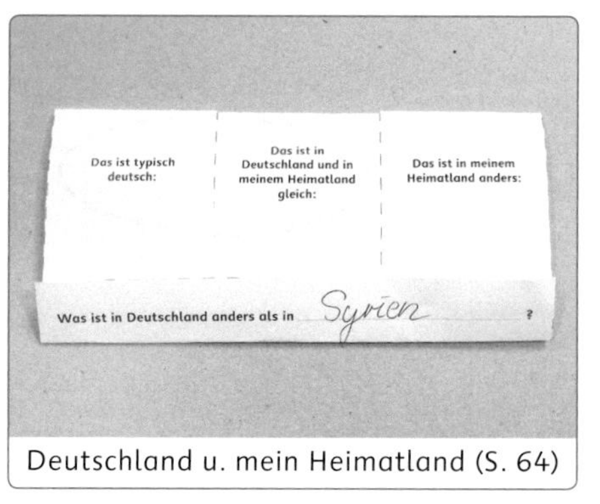

Deutschland u. mein Heimatland (S. 64)

Faltanleitung für das Lapbook

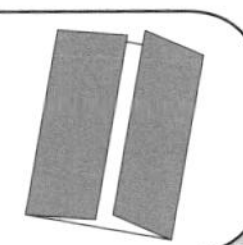

① Falte den farbigen Tonkarton (Größe DIN A3) in der Mitte.

② Öffne den Tonkarton wieder. Falte nun beide Seiten zur Mitte.

③ Klebe farbiges Tonpapier (Größe DIN A4) in die Mitte des Lapbooks.

④ Wenn du mehr Platz brauchst, klebst du weitere Klappen mit Klebeband an das Lapbook.

⑤ Wenn du noch mehr Platz brauchst, klebe mehrere Lapbooks zusammen.

⑥ Gestalte deinen Umschlag.

①

②

③
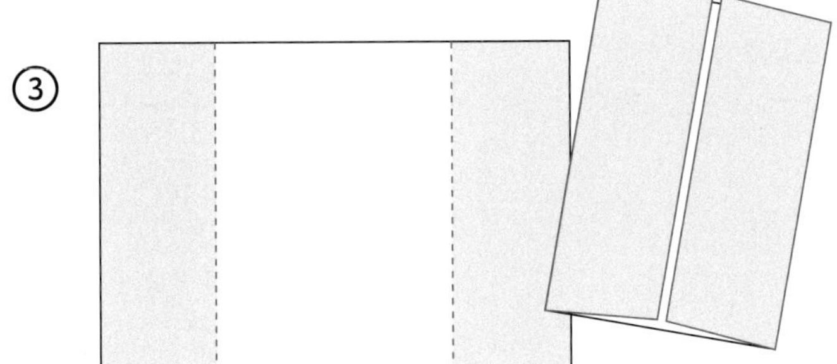

④
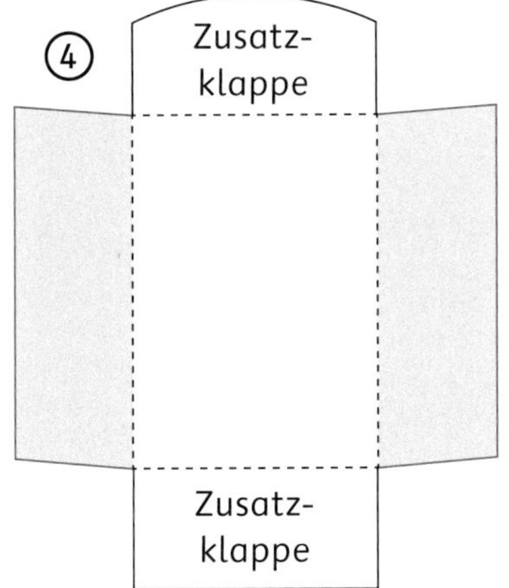

⑤
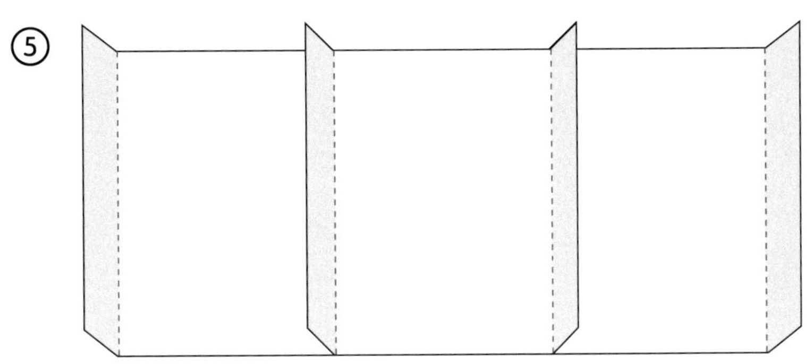

So ist mein Lapbook (Bewertungsbogen)

Name: .... **Klasse:** .... **Datum:** ....

Beurteile, wie du die einzelnen Aufgaben erfüllt hast.

Ich habe mich selbst vorgestellt.	☺	😐	☹
Ich habe wichtige Personen aus meinem Leben vorgestellt.	☺	😐	☹
Ich habe mein Heimatland vorgestellt.	☺	😐	☹
Ich habe Neues über Deutschland und meinen Wohnort gelernt.	☺	😐	☹
Ich habe über mein Leben in Deutschland geschrieben.	☺	😐	☹
Ich habe meinen Wortschatz richtig anwenden können.	☺	😐	☹
Ich konnte schon ☐ in Worten ☐ in Sätzen ☐ kleine Texte in Deutsch schreiben.	☺	😐	☹
Ich habe alle Pflichtthemen bearbeitet.	☺	😐	☹
Ich habe .... Wahlthemen bearbeitet.	☺	😐	☹
Ich habe mein Lapbook sorgfältig und übersichtlich gestaltet.	☺	😐	☹
Ich habe eigene Ideen, Inhalte und Bilder ergänzt.	☺	😐	☹

Das war leicht:

....

....

Das war schwer:

....

....

Das gefällt mir an meinem Lapbook besonders:

....

....

Meine Titelseite

Gestalte die Titelseite deines Lapbooks.

Klebe die Überschrift auf den Umschlag deines Lapbooks.

Fülle den Steckbrief im Smartphone aus.

Male ein Selfie oder klebe ein Foto von dir in den Kreis.

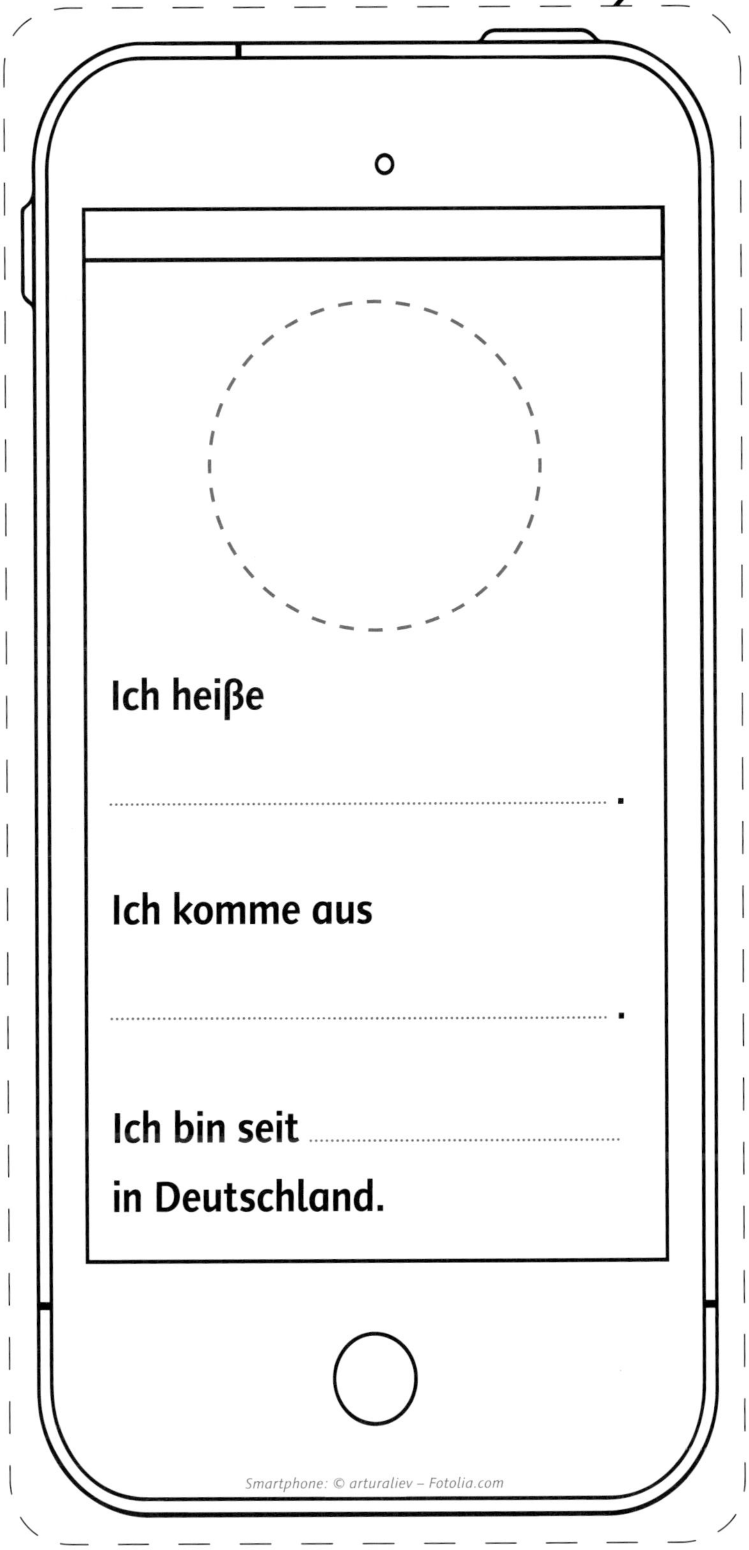

Ich heiße

....

Ich komme aus

....

Ich bin seit ....

in Deutschland.

Smartphone: © arturaliev – Fotolia.com

Neu in Deutschland

Aufgabenicons: © Matthias Enter – Fotolia.com

Nicht vergessen: schwierige Wörter

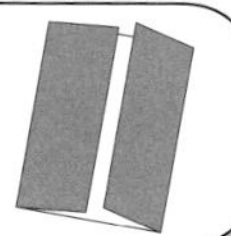

Gibt es Lernwörter, die du immer vergisst?

Schreibe das Lernwort auf die Vorderseite.
Schreibe das Wort in deiner Sprache auf die Rückseite.
Übe mit den Karten.
Übersetze das Wort.
Kontrolliere auf der Rückseite.

Nicht vergessen:

schwierige Wörter

Meine Wortschatzsammlung

Schreibe wichtige Lernwörter zum Thema auf.

Schreibe das Lernwort auf die Vorderseite.
Schreibe das Wort in deiner Sprache auf die Rückseite.
Kennst du noch mehr wichtige Wörter?

Klebe weitere Seiten zusammen und schreibe die Wörter auf.

Neu in Deutschland: Meine Lernwörter

Das bin ich

Schreibe über dich.

Beende die Sätze auf der Rückseite der Klappen.
Finde weitere Sätze, um dich vorzustellen.
Schreibe die Sätze auf die leeren Klappen.

Beispiele:
Meine Schule heißt ...
Ich gehe in die ... Klasse.
Meine Geschwister heißen ...
Meine Eltern heißen ...?

Das bin ich

Jetzt wohne ich in ...

Ich komme aus ...

Ich heiße ...

Mein Geburtstag ist am ...

Ich bin ... Jahre alt.

Ich spreche ...

So sehe ich aus

Klebe oder male ein Bild in den Rahmen, auf dem du ganz zu sehen bist.

Beschreibe dein Aussehen.

Beispiele:
Augenfarbe: „*Ich habe braune Augen.*“
Haare: „*Ich habe lange, braune Haare.*“
Körpergröße: „*Ich bin 1,65 m groß.*“
Besondere Merkmale: *Ich trage eine Brille.*“

Nutze den **Sprachbaustein 1**
So sehe ich aus.

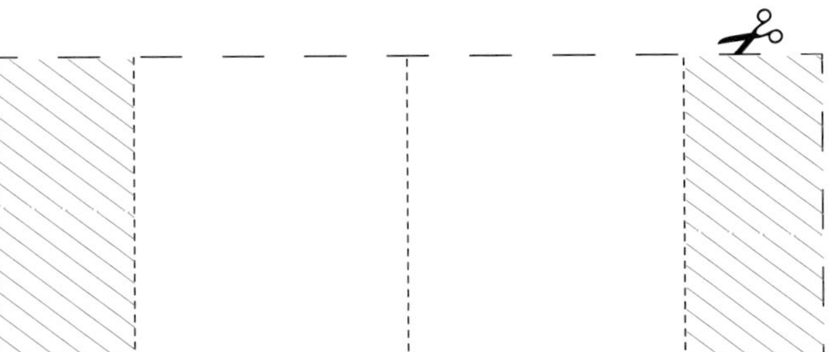

Meine Kleidung

Beschreibe deine Lieblingskleidung. Benutze passende Adjektive.

Male oder klebe Bilder von Kleidungsstücken auf.

Beispiele:

Ich trage gerne lange Röcke und schwarze Pullis.
Ich ziehe gerne blaue T-Shirts an.
Ich mag gerne ...
Am liebsten trage ich ...

Nutze den Sprachbaustein 2 **Meine Kleidung.**

Schranktüren: © Anja Boretzki

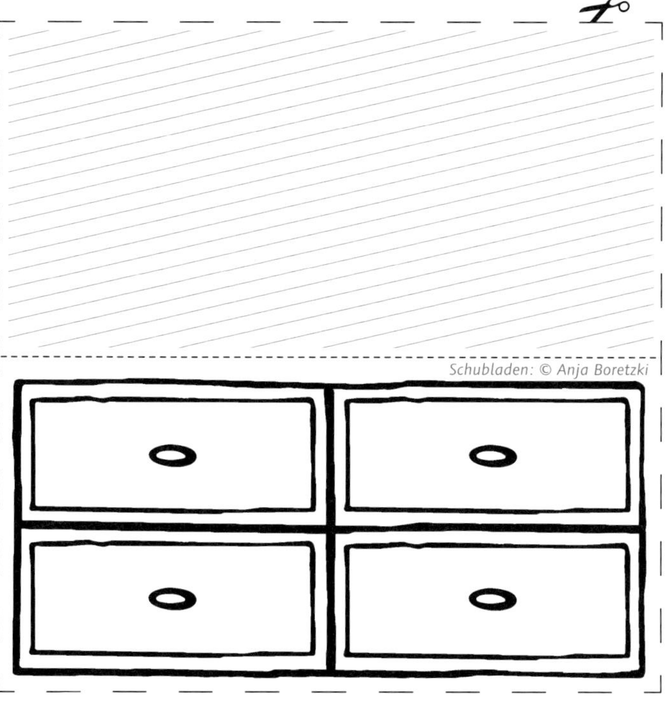

Schubladen: © Anja Boretzki

So bin ich

Welche Eigenschaften hast du?

Schreibe in jedes Blatt der Blume eine Eigenschaft.

Male die Blütenblätter farbig aus.

Grün: Das finde ich besonders gut an mir.
Gelb: Das würde ich gerne an mir ändern.
Rot: Das ärgert mich an mir.

Beispiele:
Grün: *Ich bin hilfsbereit.*
Ich bin mutig.
Gelb: *Ich bin schüchtern.*
Rot: *Ich bin unsportlich.*

Nutze den Sprachbaustein 3 **So bin ich – So bist du.**

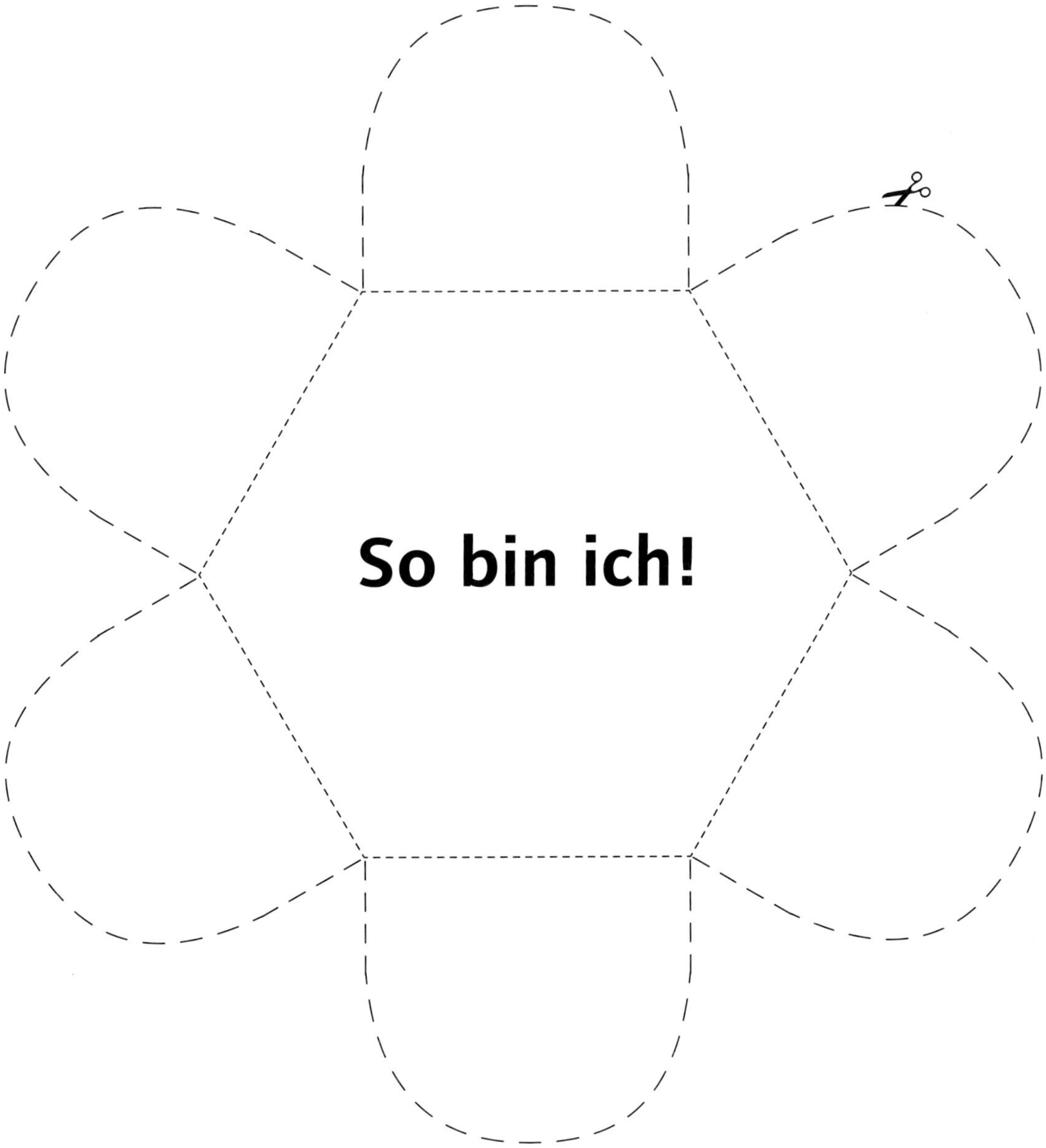

So bin ich!

Das mag ich

Was magst du gern?

Schreibe in die Herzen, was du gern magst.
Suche dir für das leere Herz selbst etwas aus, zum Beispiel: deine Lieblingssportart, dein Lieblingsfach, deinen Lieblingsfilm, dein Lieblingstier …

Nutze den Sprachbaustein 4 **Das mag ich – Das mag ich nicht.**

Male oder klebe Bilder dazu.

Beispiele:

Lieblingsfarbe: *Meine Lieblingsfarbe ist Grün. Ich mag alles, was grün ist.*
Lieblingsessen: *Ich esse gerne Pizza.*
Lieblingslied: *Ich höre gerne Lieder von Rihanna.*

Das mag ich

Noten: © Norbert Höveler

Mein Lieblingslied

Pinsel: © Norbert Höveler

Meine Lieblingsfarbe

Besteck: © Norbert Höveler

Mein Lieblingsessen

Das mag ich nicht

Was magst du nicht?

Schreibe in die Klappen, was du nicht magst.
Begründe, warum du es nicht magst.
Suche dir für die leeren Klappen selbst etwas aus,
zum Beispiel: Kleidung, ein Schulfach, eine Sportart, einen Film …

Nutze den **Sprachbaustein 4** **Das mag ich – Das mag ich nicht.**

Beispiele:

Essen: *Ich esse nicht gerne Fisch. Er schmeckt mir nicht.*
Tier: *Ich mag keine Schlangen. Ich habe Angst vor ihnen.*
Musik: *Ich höre klassische Musik nicht gern. Sie macht mich traurig.*

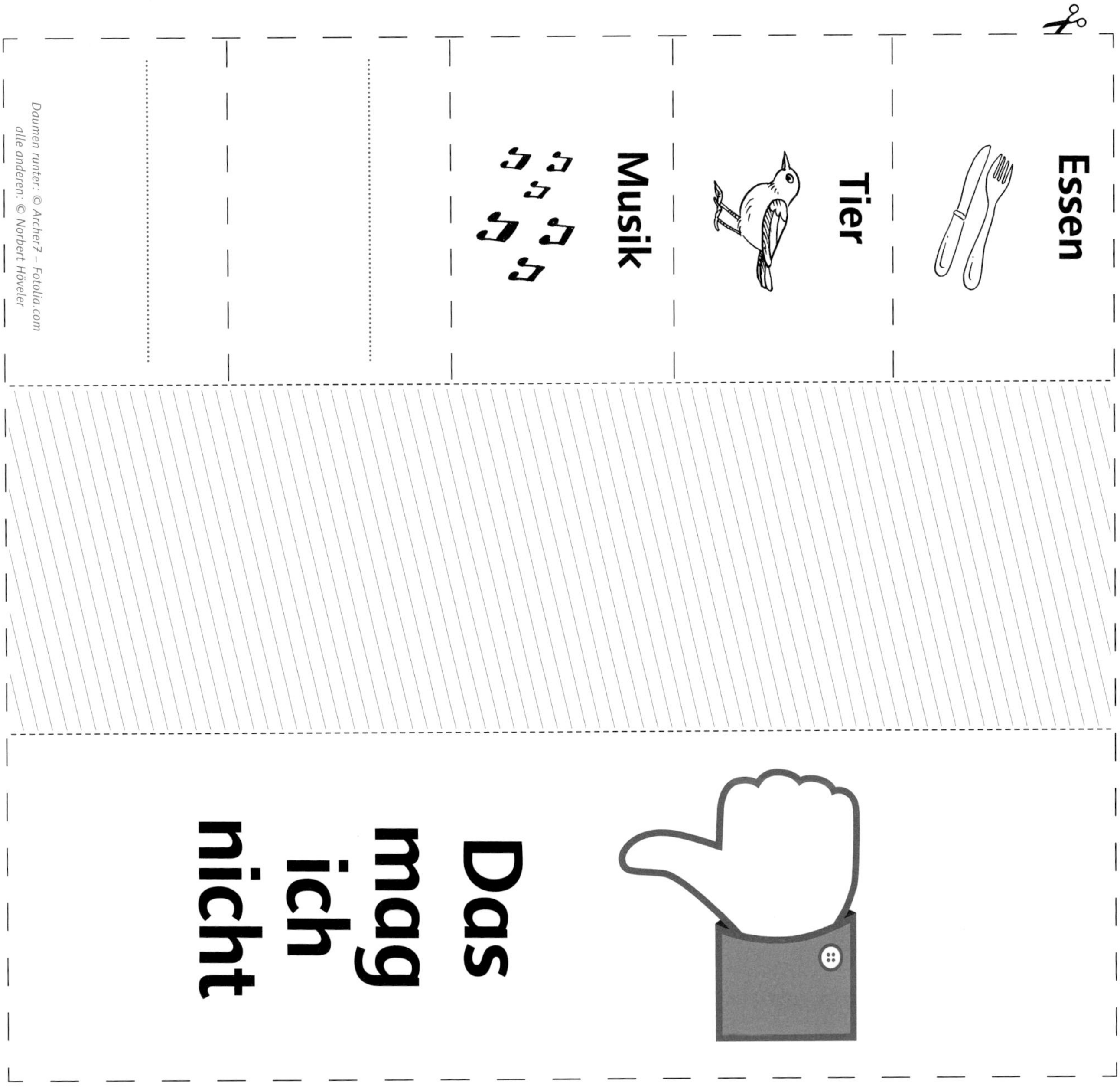

Essen

Tier

Musik

Daumen runter: © Archer7 – Fotolia.com
alle anderen: © Norbert Höveler

Das mag ich nicht

Mein Alltag in Bildern

Wie sieht dein Tag aus?

Mache Fotos von deinem Alltag, zum Beispiel von deinem Essen, deinem Zimmer, beim Einkaufen, mit Freunden …

Schreibe zu jedem Foto etwas auf die Rückseite.

Beispiel:
Ich gehe jeden Tag in den Park. Dort treffe ich meine Freunde. Wir reden viel und haben Spaß miteinander.

Mein Alltag in Bildern

Kamera: © Norbert Höveler

Meine Freizeit

Was machst du am liebsten in deiner Freizeit?

Schreibe in jedes Feld eine Aktivität.
Erstelle eine Reihenfolge.
Fange dazu mit der wichtigsten Aktivität an.

Meine Freizeit.

Beispiel:

1. Ich spiele 3-mal pro Woche Fußball.
2. Ich lese sehr gerne.
3. Ich höre sehr viel Musik.
4. Ich treffe mich gerne mit meinen Freunden.

Suche dir eine Aktivität aus.
Schreibe darüber mehr auf der Rückseite.
Beantworte dabei diese Fragen:

→ Was? → Wann?
→ Seit wann? → Wie oft?
→ Wo? → Mit wem?
→ Warum machst du es gerne?

Beispiel:

Seit wann? Wo? Was?
Ich spiele seit vier Jahren in einem Verein Fußball.

Mit wem? Wie oft? Wann?
Meine besten Freunde Jarek, Anton und ich treffen uns 2-mal in der Woche, dienstags und donnerstags, auf dem Fußballplatz.

Warum machst du es gerne?
Mir macht Fußballspielen Spaß.
Ich möchte Profi-Fußballer werden.

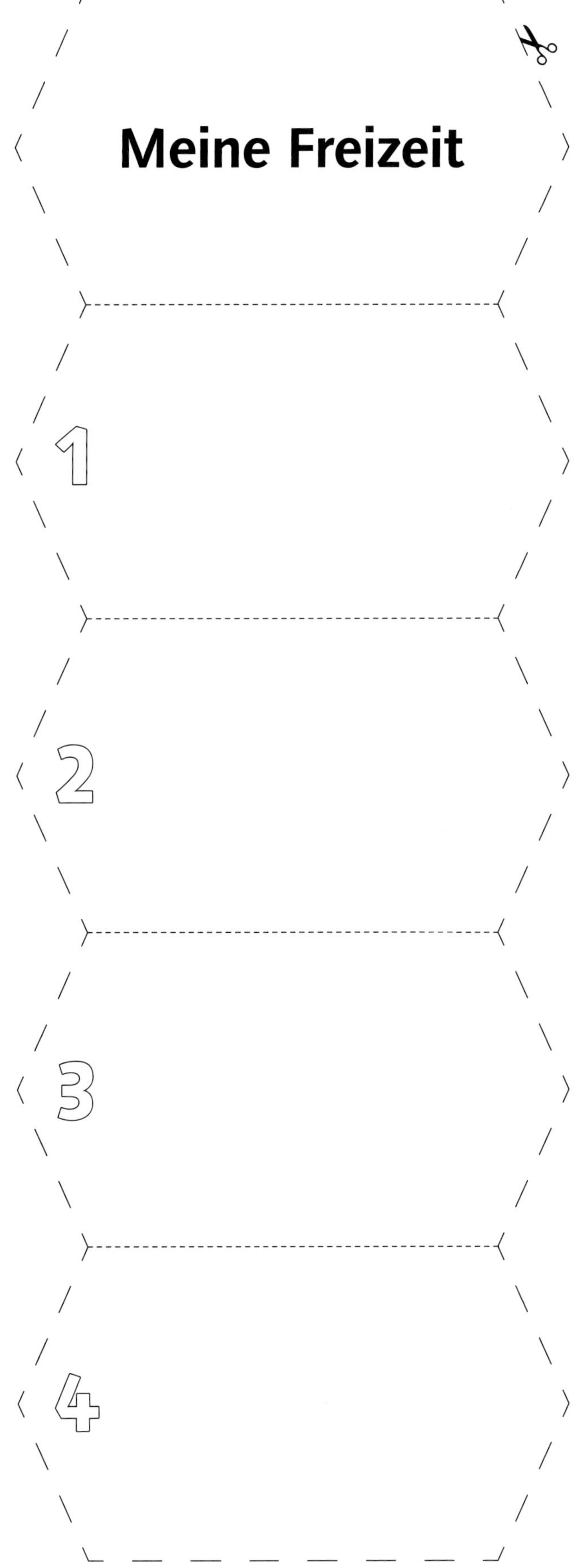

Meine Familie

Wer gehört zu deiner Familie?

Schreibe über deine Familie.

Beispiel:

Meine Mutter heißt Nesrin.
Sie ist 35 Jahre alt.
Sie lebt in Deutschland.

Mein Großvater heißt Abdurrahman.
Er ist 66 Jahre alt.
Er lebt in Syrien.

Male oder klebe Fotos von deiner Familie auf die Rückseiten.

Nutze den Sprachbaustein 6 **Meine Familie.**

Meine Mutter heißt	Mein Vater heißt	....
....	....	....
Sie ist	Er ist	....
....	....	....
Sie lebt in	Er lebt in	....
....	....	....
....	....	....
....	....	....
....	....	....
....	....	....
....	....	....
....	....	....

Meine Freunde

Wer sind deine Freunde?

Fülle die Steckbriefe über deine Freunde aus.

Beispiel:

Meine Freundin heißt Tara.

Sie ist 14 Jahre alt.

Sie kommt aus Deutschland.

Wir kennen uns aus der Schule.

Wir kennen uns seit letztem Jahr.

Wir machen fast alles gemeinsam.

Ich mag an ihr, dass sie sehr viel lacht und zu jedem freundlich ist.

Nutze den Sprachbaustein 3 **So bin ich – So bist du.**

Meine Freunde

Bilderrahmen: © Verlag an der Ruhr

Mein Geburtstagskalender 1/2

Trage die Geburtstage deiner Familienmitglieder und Freunde in den Kalender ein.

Schreibe die Namen der Monate auf die Linien.
Lege die Monate in der richtigen Reihenfolge aufeinander und klebe/hefte sie zusammen.
Trage die Geburtstage mit Datum ein.

Beispiel:
Januar
15.01.1953 Opa Abdurrahman
30.01.1990 Tara

Verschönere deinen Kalender mit Bildern.

Nutze den Sprachbaustein 7 **Mein Geburtstagskalender.**

Mein Geburtstagskalender

Mein Geburtstagskalender 2/2

Meine Zukunft

Was wünschst du dir für deine Zukunft?

Schreibe deine Wünsche in die Kreise.

Beispiele:
Mein größter Wunsch: *Ich wünsche mir ein gutes und glückliches Leben.*
Mein Berufswunsch: *Ich möchte Mechatroniker werden.*
Meine Familie: *Ich möchte heiraten und drei Kinder haben.*

Suche dir für den leeren Kreis selbst eine Überschrift aus.

Zum Beispiel: *mein Zuhause, mein Heimatland …*

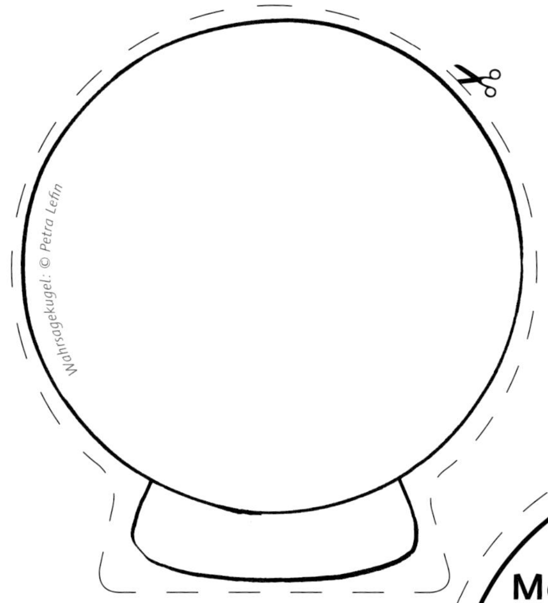

Wahrsagekugel: © Petra Lefin

Meine Zukunft

Mein größter Wunsch

Mein Berufswunsch

Meine Familie

Mein Heimatland

Wie ist dein Heimatland?

Fülle den Steckbrief aus.

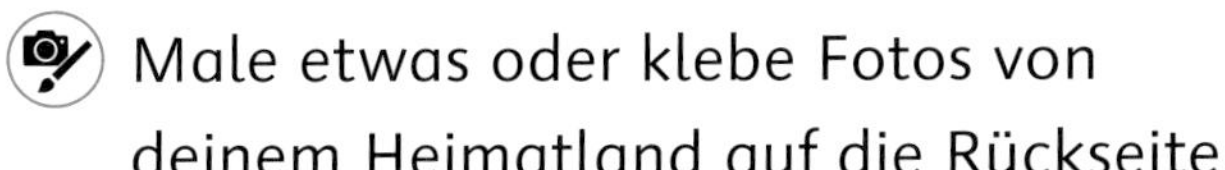

Male etwas oder klebe Fotos von deinem Heimatland auf die Rückseite.

Mein Heimatland

Mein Heimatland

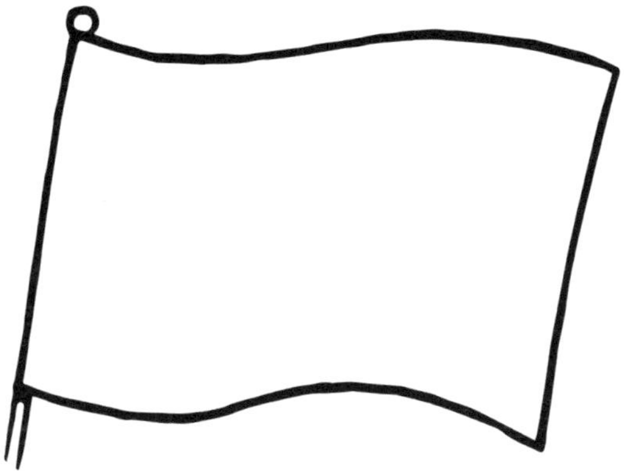

Ländername:

....

Kontinent: ....

Größe: ....

Hauptstadt: ....

Einwohner: ....

Sprachen: ....

Währung: ....

Religionen: ....

Wichtige Fakten:

....

....

....

Das finde ich besonders an meinem Heimatland:

....

....

....

Wie sagt man auf …?

Wie heißen diese Wörter in deiner Sprache?

Schreibe die Übersetzungen auf die Rückseiten der Klappen.
Wie werden die Wörter in deiner Sprache ausgesprochen?
Schreibe die Aussprache darunter auf.
Schreibe auf die leeren Felder weitere wichtige Wörter.

Wie sagt man auf ……………………………………?

Hallo

Tschüss

ja

nein

danke

bitte

Ich heiße …

Wie heißt du?

Entschuldigung!

Feste feiern in …

Name: ....

– Seite 2 –

Wann wird es gefeiert?

– Seite 3 –

Wer feiert zusammen?

– Seite 4 –

Was muss vorbereitet werden?

– Seite 5 –

Wie wird gefeiert?

– Seite 6 –

Was ist das Besondere an diesem Fest?

– Seite 7 –

Bilder

Erzähle über ein Fest aus deinem Heimatland.

- Beantworte dazu die Fragen in den Klappen.
- Male etwas oder klebe Fotos zu dem Fest auf.

So schmeckt es in …

Was sind typische Gerichte und Getränke deines Heimatlandes? Was wird dort gerne zum Frühstück, zu Mittag oder am Abend gegessen und getrunken?

Beschrifte die Teller.

Beispiel:
Zum Frühstück essen wir …
Zum Mittagessen gibt es bei uns …
Zum Abendessen essen wir …
Mein Lieblingsgericht ist …

Was isst du am liebsten? Gestalte die leeren Rückseiten mit deinen Lieblingsgerichten.

Schreibe „Guten Appetit" in deiner Sprache auf die Titelseite.

Frühstück

Mittagessen

Abendessen

Messer und Gabel: © Gstudio Group – Fotolia.com

Aufgaben- und Kapitelicons: © Matthias Enter – Fotolia.com

Ein typischer Tag in …

Wie sah dein typischer Tag in deinem Heimatland aus?

Schreibe zu jeder Tageszeit auf, was du gemacht hast.

Beispiel:
Morgens bin ich meistens um 6.30 Uhr aufgestanden. Ich habe mit meiner Mutter und meinen Geschwistern gefrühstückt.

Ein typischer Tag in meiner Heimat

Uhr: © Verlag an der Ruhr

Am Morgen/ morgens (6–9 Uhr)

Am Vormittag/ vormittags (9–12 Uhr)

Am Mittag/ mittags (12–14 Uhr)

Am Nachmittag/ nachmittags (14–18 Uhr)

Am Abend/ abends (18–0 Uhr)

In der Nacht/ nachts (0–6 Uhr)

Geld aus meiner Heimat 1/2

Welches Geld gibt es in deiner Heimat?

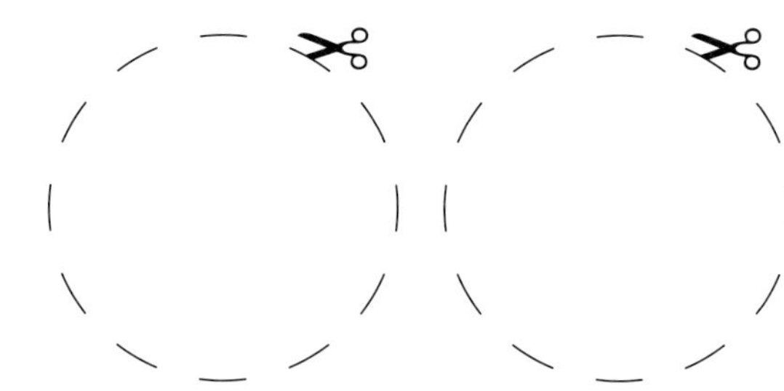

- Male die Münzen und Scheine aus.
- Schneide die Münzen und Scheine aus.

Wie viel kosten Lebensmittel in deiner Heimat?

- Schreibe die Preise auf den Kassenzettel. Schreibe auch weitere Dinge und die Preise dazu auf. Berechne die Summe aller Preise.
- Rechne die Summe in Euro um und schreibe sie auf den Kassenzettel.
  Tipp: Suche im Internet nach einem „Währungsrechner".

  Beispiel: *1 CHF = 0,87 €*

Mo–Fr 8.00–20.00 Uhr

	Preis
1 Brot	....
1 kg Äpfel	....
1 l Wasser	....
....	....
....	....
....	....
....	....
....	....
Summe	

.... = ...
Euro

Geld aus meiner Heimat 2/2

Sammle die Münzen und Scheine in dieser Geldbörse.

Geld aus

Mein Deutschland-Quiz

Was weißt du über Deutschland?

Beantworte die Fragen auf den Karten. Schreibe die Antworten auf die Rückseite der Karten.

Beispiel:
Wie heißt die Hauptstadt von Deutschland?
→ *Die Hauptstadt von Deutschland heißt Berlin.*

Schreibe eigene W-Fragen und Antworten zu Deutschland auf.

Schneide dazu eigene Karten aus.

Nutze **Sprachbaustein 8** und **Sprachbaustein 9**
Mein Deutschland-Quiz.

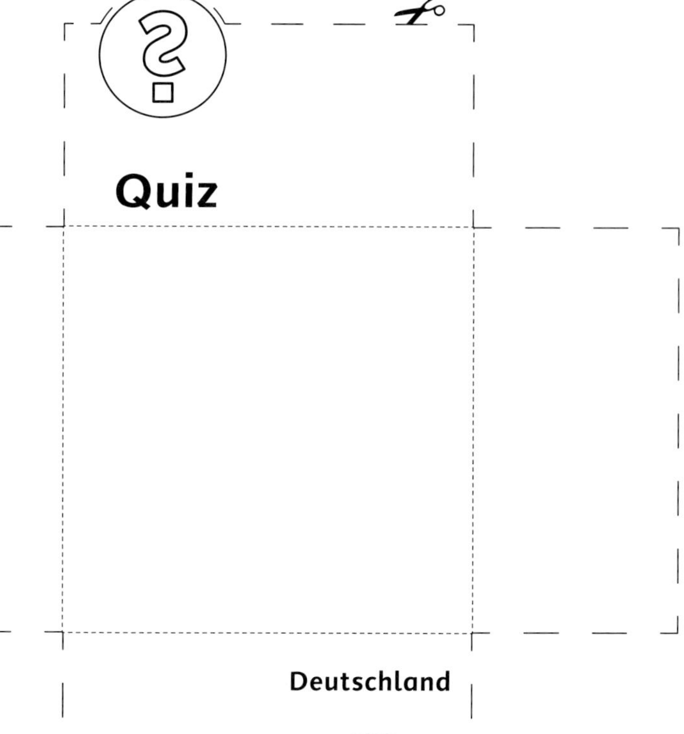

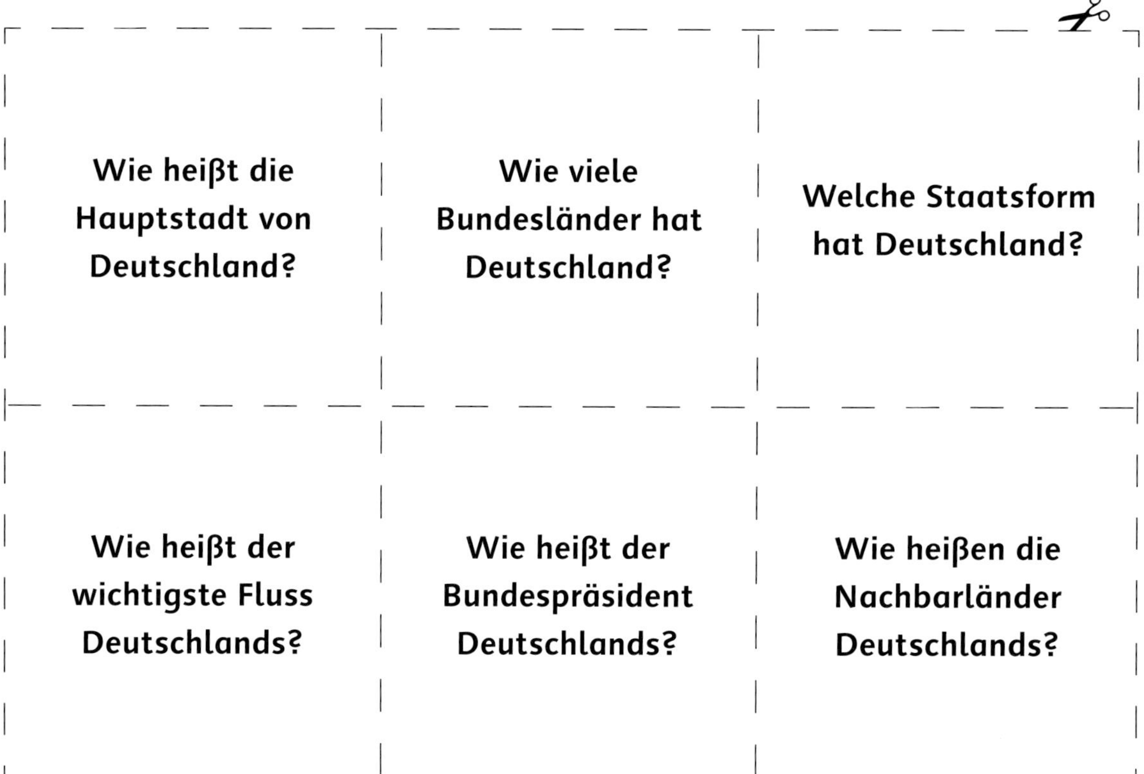

Typisch Deutschland

Was fällt dir zu Deutschland ein?

Schreibe zu jedem Buchstaben ein Wort.
Die Wörter sollen etwas mit Deutschland zu tun haben.

Male auf das geschlossene Buch passende Bilder.

Beispiel:

	D	EMOKRATIE
R	**E**	GEN
STA	**U**	S
PÜNK	**T**	LICHKEIT
OKTOBERFE	**S**	T
WEIHNA	**C**	HTSMARKT
	H	AUSTIERE
BREZE	**L**	N
K	**A**	RNEVAL
ORD	**N**	UNG
	D	EUTSCHE BAHN

D

E

U

T

S

C

H

L

A

N

D

Deutschland ist …

Was gefällt dir an Deutschland?
Was gefällt dir nicht an Deutschland?

 Schreibe in die Vorlagen.

Beispiele:
Mir gefällt an Deutschland, dass man hier überall gut hinkommt.
Mir gefällt nicht an Deutschland, dass es viel regnet und es oft kalt ist.

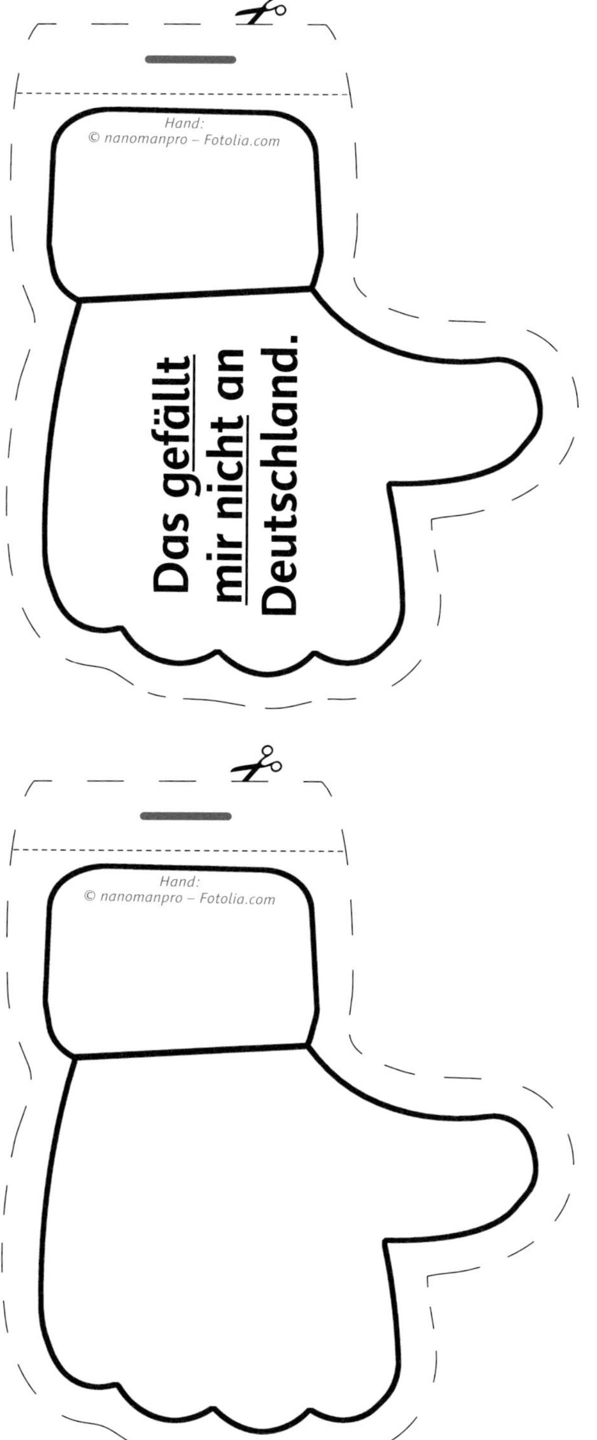

Mein Weg nach Deutschland

Erzähle von deinem Weg nach Deutschland.

- → Woher kommst du?
- → Wann hast du dein Land verlassen?
- → Wann bist du in Deutschland angekommen?
- → Wie bist du nach Deutschland gekommen?
- → Mit wem lebst du in Deutschland?

Beispiele:
Ich komme aus Syrien.
Ich bin im Februar 2016 mit meinen Eltern aus Syrien geflohen.
Ich bin im Oktober 2016 in Deutschland angekommen.
Ich lebe mit meinen Eltern und meinem jüngeren Bruder in Deutschland.

Ich komme aus ....

Ich bin ....
nach Deutschland gekommen.

Ich bin jetzt seit ....
in Deutschland.

Ich lebe mit ....
in Deutschland.

Wie war dein erster Tag in Deutschland? Schreibe in den Koffer.

- → Was hast du erlebt?
- → Wie hast du dich gefühlt?
- → Was hast du gedacht?

Mein Wohnort in Deutschland

Erzähle über deinen Wohnort in Deutschland.

Schreibe den Namen deines Wohnortes in das Ortsschild.

Male etwas dazu oder klebe Fotos auf.

Freizeit: Was kannst du in deinem Wohnort machen?
Beispiel: *Ich kann einkaufen gehen. Ich kann ins Kino gehen.*

Wichtige Orte: Welche wichtigen Orte gibt es in deinem Wohnort?
Beispiel: *In Zwickau gibt es viele Geschäfte, Hotels, Ärzte und Apotheken.*

Mein Lieblingsplatz: Wo befindet sich dein Lieblingsplatz in deinem Wohnort? Warum ist es dein Lieblingsplatz? Schreibe einen Satz und begründe mit „weil".
Beispiel: *Mein Lieblingsplatz ist der Park, weil ich mich dort immer mit meinen Freunden treffe.*

Nutze den Sprachbaustein 10 **Mein Wohnort.**

....

Wichtige Orte

Freizeit

Mein Lieblingsplatz

Hier wohne ich

Wie und wo wohnst du?

Wie sieht das Haus aus, in dem du wohnst?
Male es oder klebe ein Foto auf das geschlossene Buch.

Mit wem wohnst du zusammen?
Schreibe die Namen der Personen auf.

Wie sieht dein Zimmer aus? Male ein Bild davon.

Schreibe deine Adresse auf.

Mit diesen Menschen lebe ich zusammen:

So sieht mein Zimmer aus:

Meine Adresse lautet:

Straße: ………… Hausnummer: …………

Postleitzahl: ………… Wohnort: …………

Bundesland: …………

Mein Rezept fürs gute Ankommen

Was würdest du anderen Jugendlichen empfehlen, die nach Deutschland kommen? Was hat dir geholfen, dich einzugewöhnen?

 Schreibe ein Rezept dazu.

Beispiel:
Du brauchst:
1500 Gramm Familie
1000 Gramm Unterstützung guter Freunde
...
Eine Prise Mut
Etwas Liebe

Rezept

Zutaten	**Zubereitung**
Du brauchst:	....
1500 Gramm	....
1000 Gramm	....
500 Gramm	....
250 Gramm	....
50 Gramm	....
Eine Prise	....
Etwas	....

Hier wohne ich

Wie und wo wohnst du?

Wie sieht das Haus aus, in dem du wohnst?
Male es oder klebe ein Foto auf das geschlossene Buch.

Mit wem wohnst du zusammen?
Schreibe die Namen der Personen auf.

Wie sieht dein Zimmer aus? Male ein Bild davon.

Schreibe deine Adresse auf.

Mit diesen Menschen lebe ich zusammen:

So sieht mein Zimmer aus:

Meine Adresse lautet:

Straße: .... Hausnummer: ....

Postleitzahl: .... Wohnort: ....

Bundesland: ....

Mein Rezept fürs gute Ankommen

Was würdest du anderen Jugendlichen empfehlen, die nach Deutschland kommen?
Was hat dir geholfen, dich einzugewöhnen?

Schreibe ein Rezept dazu.

Beispiel:
Du brauchst:
1500 Gramm Familie
1000 Gramm Unterstützung guter Freunde
...
Eine Prise Mut
Etwas Liebe

Rezept

Zutaten	Zubereitung
Du brauchst:	....
1500 Gramm	....
1000 Gramm	....
500 Gramm	....
250 Gramm	....
50 Gramm	....
Eine Prise	....
Etwas	....

Meine Ziele

Du bist jetzt schon einige Zeit in Deutschland.
Was hast du erreicht?
Woran willst du noch arbeiten, um es zu erreichen?

Schreibe deine Ziele in die Pfeile.
Finde weitere Themen für die leeren Pfeile,
zum Beispiel: Freunde, Ausbildung …
Ordne die Pfeile auf der Zielscheibe ein.
Tipp: Klebe einen Pfeil neben die Zielscheibe, wenn du das Ziel noch nicht ganz erreicht hast.

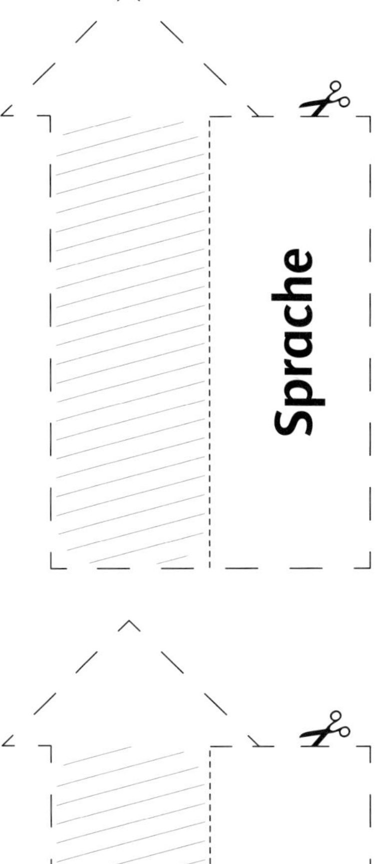

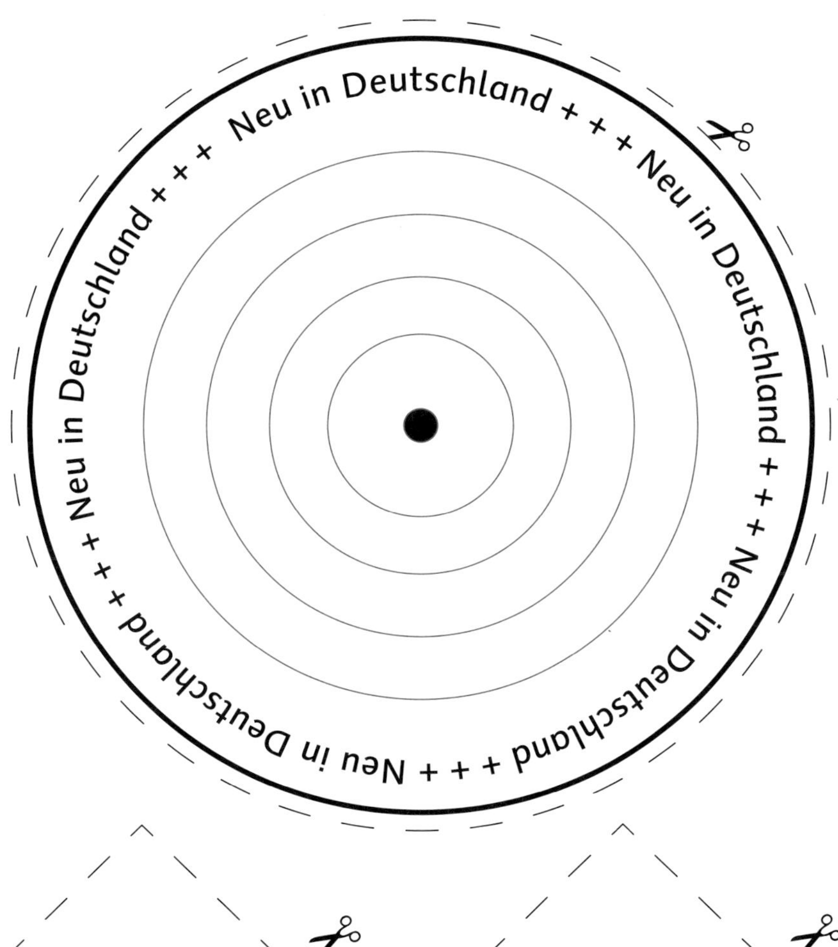

Schule

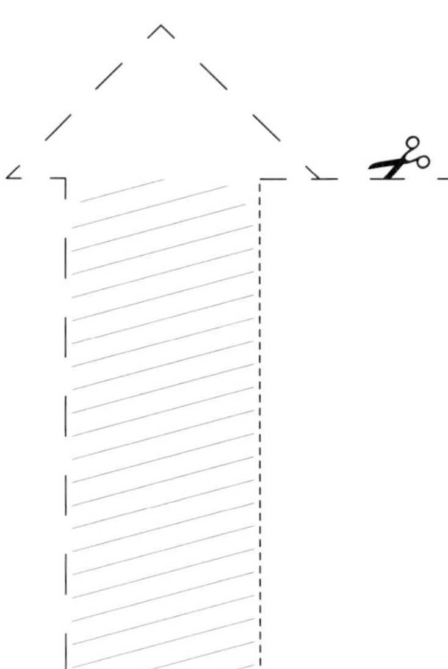

Deutschland und mein Heimatland

Was ist in Deutschland anders als in deinem Heimatland?

→ Was ist typisch für **Deutschland**?

→ Was ist in deinem **Heimatland** anders?

→ Was ist in deinem Heimatland und in Deutschland **gleich**?

Schreibe die Antworten in die Klappen.

Was ist in Deutschland anders als in .... ?

Das ist typisch deutsch:

Das ist in Deutschland und in meinem Heimatland gleich:

Das ist in meinem Heimatland anders: